全国工会干部培训基础教材

产业工会工作概论

中国工人出版社

图书在版编目（CIP）数据

产业工会工作概论 / 李玉赋主编. —北京：中国工人出版社，2018.5
ISBN 978-7-5008-6946-7

Ⅰ.①产… Ⅱ.①李… Ⅲ.①产业工会—工会工作—中国—干部培训—教材
Ⅳ.①D412.6

中国版本图书馆CIP数据核字（2018）第089012号

产业工会工作概论

责任编辑 王学良 徐晏曦
责任校对 孙迺伟
责任印制 栾征宇
出版发行 中国工人出版社
地　　址 北京市东城区鼓楼外大街45号 邮编：100120
网　　址 http://www.wp-china.com
电　　话 （010）62005043（总编室） （010）62005039（出版物流部）
（010）82075935（工会与劳动关系分社）
发行热线 （010）62033018 62004002 62046264 （010）82081553（传真）
经　　销 各地书店
印　　刷 北京市密东印刷有限公司
开　　本 660毫米×960毫米 1/16
印　　张 9.75
字　　数 120千字
版　　次 2018年5月第1版 2019年1月第3次印刷
定　　价 25.00元

全国工会干部培训基础教材
修订和编写委员会

主　任： 李玉赋

副主任： 邓　凯　张茂华

成　员：（按姓氏笔画为序）

王　英　王利中　王俊治　王晓峰
吕国泉　朱虎祥　刘迎祥　江　南
李伟言　李庆堂　杨军日　邹　震
金善文　屈增国　徐　微　粟　斌

出版说明

为深入学习贯彻习近平新时代中国特色社会主义思想和党的十九大精神，学习贯彻习近平总书记关于工人阶级和工会工作的重要论述以及干部教育培训工作的重要指示精神，着眼更好服务统筹推进“五位一体”总体布局和协调推进“四个全面”战略布局，坚持和发展中国特色社会主义，坚定不移走中国特色社会主义工会发展道路，团结和带领职工群众为决胜全面建成小康社会，把我国建设成为富强民主文明和谐美丽的社会主义现代化强国，实现“两个一百年”奋斗目标、实现中华民族伟大复兴的中国梦而奋斗，全国总工会党组、书记处决定对“十二五”期间全国工会干部培训基础教材进行修订和编写，作为“十三五”期间全国工会干部业务培训和自学辅导的专用教材。通过高质量的工会干部教育培训，建设高素质专业化工会干部队伍，用新发展理念引领新实践，为新时代工会工作改革创新提供人才保证和智力支持，在党和国家工作大局中更好发挥工会组织的作用。

教材的修订和编写坚持以习近平新时代中国特色社会主义思想为指导，认真贯彻落实党的十九大精神，按照中央党的群团工作会议精神，围绕保持和增强工会工作和工会组织的政治性、先进性、群众性要求，坚持正确政治方向、把握政治标准，按照统分结合、优势互补的原则，突出工会专业和创新特色，充分反映和体现工会改革创新取得的成果，坚持问题导向、实践导向、需求导向，体现教材编写的科学性、系统性、规律性，进一步提高工会干部教育培训教材建设质量水平，丰富完善工会干部教育培训教材体系。

全国总工会党组书记、副主席、书记处第一书记李玉赋任教材修订和编写委员会主任，全国总工会副主席、书记处书记、党组副书记邓凯，全国总工会书记处书记、党组成员、组织部部长张茂华任教材修订和编写委员会副主任，编委有（按姓氏笔画为序）：王英、王利中、王俊治、王晓峰、吕国泉、朱虎祥、刘迎祥、江南、李伟言、李庆堂、杨军日、邹震、金善文、屈增国、徐微、粟斌。

本教材在编写委员会的领导下进行编写、修订、审稿、编辑、出版等工作。有关全国产业工会，全国总工会有关部门、直属单位主动配合，作出了积极贡献，在此表示衷心感谢。

编　者

2018 年 2 月

目　录

第一章　中国产业工会的历史发展

第一节　产业、产业职工和产业工会 ……………………（1）
一、产业 ………………………………………………（1）
二、产业职工 …………………………………………（3）
三、产业工会 …………………………………………（6）
第二节　中国革命、建设、改革时期的产业工会 ………（8）
一、革命时期的产业工会 ……………………………（8）
二、建设时期的产业工会……………………………（11）
三、改革时期的产业工会……………………………（15）
第三节　党的十八大以来的产业工会…………………（20）

第二章　产业工会的地位和职责

第一节　产业工会的地位………………………………（28）
一、产业工会是一级重要工会组织…………………（28）
二、产业工会是产业职工利益的代表者……………（29）
第二节　产业工会的职责………………………………（32）
一、参与制定国家产业政策法规……………………（33）
二、促进产业改革发展………………………………（34）
三、协调产业劳动关系………………………………（35）

四、贯彻落实全国工会方针政策和工作任务…………（36）

第三章　产业工会的组织体系和相应的职责任务

第一节　产业工会的组织原则、结构和类型……………（38）
一、产业工会的组织原则……………………………………（39）
二、产业工会的组织结构……………………………………（43）
三、产业工会的组织类型……………………………………（45）
第二节　产业工会的设置和职责任务………………………（47）
一、全国产业工会的组织设置和职责任务………………（47）
二、省级产业工会的组织设置和职责任务………………（51）
三、城市产业工会的组织设置和职责任务………………（53）
四、县（区）以下产业工会的组织设置和职责任务　…（55）
第三节　行业工会联合会……………………………………（57）
一、行业工会联合会的产生及意义…………………………（57）
二、建立行业工会联合会的原则和要求……………………（59）
三、行业工会联合会的组织形式……………………………（60）
四、行业工会联合会的职责任务……………………………（61）
五、积极构建行业工会联合会与行业协会
（雇主组织）的平等协商机制　…………………………（61）

第四章　推进新时代产业工会工作创新发展

第一节　推进新时代产业工会工作创新发展的重要
意义……………………………………………………………（63）
一、深入学习贯彻习近平新时代中国特色社会
主义思想，切实履行引导产业职工听党话、
跟党走的政治责任的必然要求……………………………（63）

二、围绕中心、服务大局，促进产业经济持续
健康发展的应有之义…………………………（64）
三、适应全面深化改革要求，深入推进工会改革的
客观需要……………………………………（65）
四、深入推进产业工人队伍建设改革，切实维护产业
职工利益，构建产业和谐劳动关系的现实要求 …（66）
第二节　推进新时代产业工会工作创新发展的主要
原则和目标任务………………………（67）
一、总体要求……………………………………（68）
二、主要原则……………………………………（68）
三、目标任务……………………………………（69）
第三节　健全产业工会工作组织体系……………（70）
一、科学合理设置产业工会………………………（70）
二、理顺产业工会组织领导关系…………………（71）
第四节　完善产业工会制度………………………（72）
一、完善产业联席（联系）会议制度 …………（72）
二、完善协调劳动关系机制………………………（73）
三、完善工作议事制度……………………………（73）
四、完善联系基层和产业职工制度………………（74）
五、完善工作汇报制度……………………………（74）
第五节　创新工作方法和活动方式………………（74）
一、改进服务方式…………………………………（74）
二、加强工作指导…………………………………（76）
三、构建网上工作平台……………………………（77）
四、善于借势借力…………………………………（78）

第五章 加强产业工会自身建设

第一节 加强产业工会的政治建设……………………（81）
一、坚持党的领导，确保产业工会工作的正确
政治方向……………………………………………（81）
二、强化“四个意识”，自觉服从服务于全党
全国工作大局及工会工作全局…………………（82）
三、强化责任担当，增强做好新时代产业工会
工作的使命感和紧迫感…………………………（83）
四、提升服务水平，更好地为产业职工群众和
基层服务……………………………………………（84）
第二节 加强产业工会的组织建设……………………（85）
一、加强产业工会组织机构建设……………………（86）
二、加强产业工会领导班子和干部队伍建设………（87）
第三节 加强产业工会的作风建设……………………（88）
一、大兴勤奋学习之风………………………………（88）
二、大兴调查研究之风………………………………（91）
三、大兴求真务实之风………………………………（92）
四、大兴密切联系职工群众之风……………………（94）
五、大兴廉洁自律之风………………………………（95）
第四节 加强产业工会的制度建设……………………（97）
一、加强产业工会制度建设的原则和目标要求………（97）
二、建立和完善全国产业工会工作制度……………（99）
三、努力发挥制度建设在产业工会自身建设中的
重要作用 …………………………………………（101）
第五节 加强产业工会理论研究 ……………………（103）
一、加强产业工会理论研究，是做好产业工会工作、

提升产业工会整体水平的内在要求 ……………（103）
二、加强调查研究，积极推进产业工会理论创新 …（104）

附录　全国产业工会简介

一、中华全国铁路总工会 ……………………………（106）
二、中国民航工会 …………………………………（112）
三、中国金融工会 …………………………………（114）
四、中国教科文卫体工会 …………………………（116）
五、中国海员建设工会 ……………………………（118）
六、中国能源化学地质工会 ………………………（122）
七、中国机械冶金建材工会 ………………………（124）
八、中国国防邮电工会 ……………………………（128）
九、中国财贸轻纺烟草工会 ………………………（132）
十、中国农林水利气象工会 ………………………（135）

参考文献 ……………………………………………（138）

后　　记 ……………………………………………（140）

第一章　中国产业工会的历史发展

中国产业工会是中国共产党领导的产业职工群众自愿结合的工人阶级群众组织，是中国工会的重要组成部分。从概念上、理论上弄清什么是产业工会、产业工会的产生与发展，中国产业工会的历史地位和作用，是我们研究中国产业工会必须首先回答的基本问题。

第一节　产业、产业职工和产业工会

产业、行业、产业工人、产业职工、产业工会、行业工会是本节介绍的几个最重要的基本概念。

一、产业

在传统社会主义经济学理论中，产业主要是指经济社会的物质生产部门。一般而言，每个部门都专门生产和制造某种独立的产品，每个部门也就成为一个相对独立的产业部门。在广义上，产业，泛指一切生产物质产品、精神产品和提供劳务活动的集合体，包括农业、工业、交通运输、邮电通信、科技、文化、教育、卫生、服务、信息、旅游等产业部门和服务部门、社会公共事业等。

在不同的历史时期，不同的组织和国家，对产业有着不同的分类标准。20 世纪 20 年代，国际劳工局把一个国家所有的产业划分为初级生产部门、次级生产部门和服务部门。后来，许多国家都沿用了国际劳工局对产业划分的方法。第二次世界大战后，西方国家大多采取了三级产业分类法。在我国，基本上也把产业分为三大类：第一产业是农业，是指人类通过劳动直接从自然界取得产品的产业部门，我国规定专指农、林、牧、渔业。第二产业是工业，是指对第一产业和本产业提供的产品（原料）进行加工的产业部门，我国规定专指采矿业，制造业，电力、热力、燃气及水的生产和供应业，建筑业。第三产业是服务业，是指为消费者提供最终服务和为生产者（包括三个产业的生产者）提供中间服务的产业部门，除第一、二产业以外的其他行业。由于第三产业包括的行业多、范围广，根据我国的实际情况，第三产业可分为两部分：一是流通部门，二是服务部门。第三产业具体又可分为四个层次：第一层次是流通部门，包括交通运输业、邮电通信业、商业、饮食业、物资供销和仓储业等。第二层次是为生产和生活服务的部门，包括金融业、保险业、地质普查业、房地产业、公用事业，居民服务业，咨询服务业和综合技术服务业，农、林、牧、渔、水利服务业和水利业，公路、内河（湖）航道养护业等。第三层次是为提高科学文化水平和居民素质服务的部门，包括教育、文化、广播电视、科学研究、卫生、体育和社会福利事业等。第四层次是为社会公共需要服务的部门，包括国家机关、政党机关、社会团体以及军队和警察等。所以，从上述分类可以看出，产业实际上就是国民经济和社会发展各种类别的部门，是人们生产实践和社会活动的各个方面和领域的集合体。因此，产业是社会分工的产物；产业是社会生产力不断发展的必然结果；产业是具有某种同类属性的社会经济活动的集合；产业的含义具有多层性。随着社会生产力水平不断提高，产业的内涵不断充实，外延也会不断扩展。

行业，一般是指其按生产同类产品或具有相同工艺过程或提供同类劳动服务划分的经济活动类别，如饮食行业、服装行业、机械行业等。但随着经济社会的发展，行业的概念已演进为国民经济的一个部门和一个产业内，按照共同的、相对固定的生产方式、职业观念、技能特长、生产经营范围等要素而进行的生产、工作分类和分工。一个或多个行业组成了产业，一个产业可以分为若干个行业。

二、产业职工

产业职工，就是在各个产业部门及其行业中从事劳动并由此获得工资报酬的劳动者的统称。

产业职工必须具备两个要素：一是必须在国民经济和社会事业的某个产业或行业工作；二是必须以自己的劳动（体力劳动或者脑力劳动）获得工资报酬。因此，并不是所有产业及其行业的劳动者都是产业职工，只有同时具备这两个要素的劳动者才能称为产业职工。产业职工构成工人阶级的主体，是工人阶级最重要的组成部分。

产业职工是由产业工人和知识分子两大部分构成的。

（一）产业工人

传统意义上，产业工人是指在现代工厂、矿山、交通运输等企业中从事集体生产劳动，以工资收入为生活来源的工人（或称生产工人）。由于社会分工的发展和科学的进步，产业工人的概念在其内涵和外延上是不断发展变化的。我国产业工人主要是指在第一产业的农场、林场，第二产业的采矿业、制造业、建筑业和电力、热力、燃气及水生产和供应业，以及第三产业的交通运输、仓储及邮政业和信息传输、软件和信息技术服务业等行业中从事集体生产劳动，以工资收入为生活来源的工人。产业工人是先进生产力的代表者，他们最富于组织性、纪律性和革命性，最能代表工人阶级的特性。产业工人是产业职工的主体，是工人阶级的主力和骨干。

我国产业工人队伍与经济社会快速发展同步，规模不断壮大，分布日益广泛。根据2015年国家统计局1%人口抽样调查的数据和劳动力抽样调查中的就业身份分类，以第二三产业中6大行业门类就业人数中雇员部分作为产业工人的统计对象，加上农场、林场中从事集体劳动的工人，截至2016年，我国产业工人有2亿人左右。我国产业工人在产业分布、行业分布、地域分布、企业规模分布上，呈现不同特点。其中，超过八成的产业工人集中在第二产业，近八成产业工人集中在制造业和建筑业，近六成产业工人集中在东部地区，近六成产业工人集中在国有大中型企业。近年来，我国农民工的数量不断增加，农民工已经成为产业工人的主体。截至2016年末，全国农民工总量达2.82亿人，其中外出农民工1.69亿人，分别比上年增加424万人和50万人，增幅分别为1.5%和0.3%。据测算，目前第二产业和第三产业6个行业中农民工占六成左右。“80后”已经成为产业工人的主力军。第二产业和第三产业中6个行业的产业工人平均年龄为36.3岁，“70后”占29.5%，“80后”占30.4%，“90后”占14.6%。其中，“80后”产业工人已经成为制造业及信息传输、软件和信息技术服务业中的主体力量。超过八成产业工人为男性。产业工人中男性占83.5%，女性占16.5%，男性高出女性4倍。女性在制造业产业工人中比例最高，为40.7%，其次为信息传输、软件和信息技术服务业，占37.8%。

（二）知识分子

知识分子是一个历史的文化范畴，作为一个社会阶层，它是在人类发展的一定历史阶段和一定的文化条件下产生的。在不同历史时期和文化背景下，人们对知识分子的理解和界定颇为不同。19世纪末至20世纪初，由于受西学影响，朦胧地把知识分子与知识阶层区别开来，如称知识分子为“学界分子”，称知识阶层为“知识界”等。直至1921年，中国共产党成立，在《中国共产党章程》上才正式使用“知识分子”和“知识阶层”两词。1933年中国共产党在革命根据地的中央工农民主政府明确规定知识分子是一个社会阶层，属于“脑力劳动者”。关于知识分子的定义，国外的主流看法是指受过专门训练，掌握专门知识，以知识为谋生手段，以脑力劳动为职业，并由此获得工资报酬，具有强烈的社会责任感的群体。知识分子是人类科学技术发展到一定阶段的产物，它作为一个社会群体，产生于产业革命之后。在不同的历史时期和特定的历史环境下，知识分子分属于不同的阶级和社会集团。

产业工人和知识分子同时分布在国民经济和社会事业各部门或行业之中。从这个意义上讲，产业工人和知识分子是产业职工这一大家族的共有成员。在现阶段，知识分子已成为我国产业职工的重要组成部分。

产业职工队伍的来源、结构和分布是随着产业及其行业的发展变化而变化的。由于产业职工与先进的大机器生产和先进的科学技术紧密结合在一起，因此具有高度的组织性、纪律性和彻底的革命性，是社会物质财富和精神财富的主要创造者。但是，在不同的社会制度下，产业职工的社会地位、政治地位和经济地位则是大不相同的。在资本主义制度下，产业职工处于被剥削、被压迫的地位，是资本主义剩余价值的生产者，是构成无产阶级的基本力量。《中华人民共和国宪法》中开宗明义地指出：“中华人民共和国是工人阶级领导的、以工农联盟为基础的人民民主专政的社会主义国家。”工人阶级是我国的领导阶级，产业职工是工人阶级中发挥支撑作用的主体力量。因此，在社会主义制度下，产业职工是国家领导阶级的重要成员，在社会上、政治上和经济上始终处于主人翁的地位，是国家政权的重要支柱和社会稳定的重要力量；是社会主义现代化建设的主力军。

三、产业工会

产业工会是按照产业原则把产业部门的职工组织起来的工会组织，即列宁所讲的“按生产部门把工人组织起来的工会”。在我国，产业工会专指依照有关法律法规，由同一产业或性质相近的几个产业的职工自愿结合组成的工人阶级群众组织。

行业工会则是按照行业原则把行业职工组织起来的工会组织，是行业职工自愿结合的工人阶级群众组织。由于行业和产业的隶属关系，行业工会实际上是产业工会的一种组织形式。

从人类社会形态的演进趋势来看，资本主义社会取代封建社会无疑是一大进步。但从资本主义生产关系确立的第一天起，就产生和存在着无产阶级和资产阶级两大对立阶级的根本矛盾。当这种矛盾发展和激化到一定程度时，就会表现为无产阶级和资产阶级的激烈斗争。产业工会就是顺应无产阶级和资产阶级的斗争需要而产生的。所以，产业工会是工业社会经济矛盾的必然产物，是世界工会最常见、最基本的组织形式。

真正意义上的产业工会出现于19世纪二三十年代，它的产生基本经过了从行会（或帮会）到秘密结社（小组或联盟）再到工会三个阶段的演变过程。早在18世纪90年代末，随着产业（行业）劳动关系矛盾的加剧，英国的羊毛加工业工人、缝纫业工人为了维护自己的利益和自身斗争的需要，成立了互助会、友谊会或兄弟会等早期的工人团体。在这些工人团体的组织下，取得了与资本家进行经济斗争的部分胜利。由于这些早期的工人团体是以行业、宗教、同乡等特殊关系为纽带建立起来的，因此，它们一方面在很大程度上带有封建帮（行）会的特点，另一方面也初步具备了产业工会的特征，成为产业工会萌芽时期的特殊组织形式。后来，随着工人运动特别是罢工运动的高涨，在工人群众中间又出现了罢工储金会、工人小组以及其他形式的工人秘密联盟。此时的工人团体不仅行业性越来越明显，而且有了自己的活动范围、主要目标和基本活动方式，从而具备了产业工会的基本特点。1812 年，苏格兰格拉斯哥市纺织工人的秘密联盟成功发动和组织了全市织布工人的总罢工，并在此基础上，于 1818 年正式成立了格拉斯哥市纺织工人工会。这是世界上第一个以产业形式出现的工会组织。1824 年，英国资产阶级政府被迫取消了禁止工人结社的法律，从此，在英国及欧美其他主要资本主义国家先后出现了一大批合法的产业工会组织。

我国早期的产业工会诞生于 20 世纪初期，经历了艰难的发展过程。1840 年鸦片战争后，随着英国、美国、德国和俄国等资本主义国家的经济殖民势力及其买办进入我国开办工厂，清政府具有维新思想的洋务派官员以及满怀实业兴国思想的民族资本家兴办洋务实业，中国开始出现了近代工业和近代产业工人。1895 年至 1913 年，即中日甲午战争至第一次世界大战前，随着中国近代工业的发展、产业工人队伍的壮大，逐步兴起了中国早期的工人运动。当时，为了适应斗争的需要，在工人中出现过一些受小资产阶级代表人物影响的工人团体。1914 年至 1918 年，即从第一次世界大战爆发到“五四”运动前夕，由于工人阶级队伍迅速壮大以及辛亥革命的影响，各产业部门和手工业行业的罢工斗争此起彼伏，并在斗争中出现了产业工会组织的萌芽，如 1912 年至 1916 年，上海工人先后在造船厂创建了“制造工人同盟会”，在商务印书馆成立了“集成同志社”等。同一时期，还在哈尔滨的中俄铁路工人中成立了“中东铁路联合会”，并在十月革命的影响下，于 1918 年 5 月举行了反对沙俄残余势力统治的罢工斗争。这些就是中国早期的产业工会组织。

产业工会在我国的出现具有重大的社会政治意义：第一，产业工会的出现，是工人阶级开始由自在的阶级走向自为的阶级的重要标志之一，是产业工人开始由分散走向团结的基本象征。第二，产业工会一出现，便肩负着维护产业职工权益的历史使命，产业工人也从此有了自身利益的表达者和维护者。第三，产业工会的出现，为促进工人阶级的团结、工人运动和工会运动的协调和统一打下了坚实的组织基础。

第二节　中国革命、建设、改革时期的产业工会

中国产业工会已经走过了近一百年不平凡的历程。历史事实表明，中国产业工会是在中国共产党领导的反抗帝国主义、封建主义和官僚资本主义的伟大斗争中产生的，又在中国共产党领导的社会主义革命和社会主义建设以及改革开放的伟大事业中不断发展壮大。了解中国产业工会的历史发展，对于进一步认识中国产业工会的地位和作用，探索中国产业工会的特点和规律，开创中国特色社会主义产业工会工作新局面具有十分重要的意义。

一、革命时期的产业工会

以1919年“五四”运动为标志，中国工人阶级作为独立的政治力量登上了政治舞台，中国产业工会开始进入了迅速成长、积极投入中国共产党领导的新民主主义革命的发展时期。

“五四”运动后，随着马克思主义在中国的广泛传播和新文化运动的兴起，早期共产党组织在各地相继成立。各地共产党组织成立之初，就把建立产业工会、发动工人运动作为基本

任务。正是在这样的历史环境下，一批崭新的现代产业工会破土而出，如1920年11月成立的“上海机器工会”以及1921年3月成立的“中华海员工业联合总会”，就是在共产主义小组领导下最早成立的地方性产业工会和全国性产业工会。1921年7月，中国共产党第一次全国代表大会通过的《关于当前实际工作的决议》明确提出：“本党的基本任务是成立产业工会。凡有一个以上产业部门的地方，均应组织工会；在没有大工业而只有一两个工厂的地方，可成立比较适于当地条件的工厂工会。”1922年7月，中国共产党第二次全国代表大会通过的《关于“工会运动与共产党”的决议案》要求各地党组织集中力量组织产业工人工会。1922年，第一次全国劳动大会在《全国总工会组织原则的决议案》中提出：“凡能采用产业组合的，都应一律应用产业组合法去组织工人。”按照产业组合法，在当时已经出现中华海员工业联合总会、粤汉铁路工人俱乐部、汉口人力车夫总会等行业工会的基础上，开始组建更多的产业工会。到1925年第二次全国劳动大会召开时，已经组建了中华海员总工会、全国铁路总工会、汉冶萍总工会、广东工人代表会4个产业工会组织。

第二次全国劳动大会后，产业工会组织有了一定发展。1926年，在全国铁路总工会指导下进行活动的有60多个铁路工会组织。海员工会在香港设总工会，在广州、上海、汕头、中山、天津等地设立了分会。此外，矿山、纺织、五金、印刷、邮政、运输码头工人等行业，在一些城市或地区也建立了产业工会。1926年5月，第三次全国劳动大会指出，在产业落后的中国，各种产业虽在幼稚时代，“但就各地组织发展来看，除铁路、海员已有全国组织外，其余皆有进行全国组织之可能，全国总工会今后应该注意这几种产业工人之组织；发展到相当程度时，即组织全国各种产业总工会”。

1927 年 4 月，蒋介石发动“四一二”反革命政变以后，中国共产党科学分析了当时工人运动的形势，明确指出：“目前中国的工人运动迫切需要全国各产业总工会及健全的全国总工会进行领导。中华全国总工会必须竭力健全各产业工会，以领导全国的工人运动。”根据这一判断，在 1927 年 6 月召开的第四次全国劳动大会上明确要求，“在各大城市联合产业性质相近的工会，组成当地各种产业总工会。尽可能将得力人员、工作职权及经费集中在这些产业总工会”。在这样的形势和任务要求下，上海陆续建立起纺织、印刷、金属、邮政、海员、铁路、市政等 16 个产业工会，并由这些产业工会和工会联合会（区域组织）组成上海总工会。1929 年 11 月召开的第五次全国劳动大会再次提出：“首先要在产业工人如铁路、海员、矿山、兵工、市政、纺织等建立下层的强固的工会组织，在全国各地同一产业的工会有相当发展时，立即组织全国各种产业总工会。”然而，由于国民党政府对工人运动和工会组织的残酷镇压，致使我党多次提出的建立和发展全国和地方产业工会的任务未能完全实现。就是已经建立和准备建立的产业总工会、产业工会联合会，也被迫转入地下，或被扼杀在襁褓之中。但是，工会运动在革命根据地有相当的发展。

1948 年 8 月，中国革命胜利前夕召开的第六次全国劳动大会是中国工人阶级和工会组织走向团结和统一的大会，也是我国产业工会重新走向发展的标志性大会。会议主张工会组织以产业为基础，按照产业原则组织工会。当时由于大片地区还处在国民党统治之下，按照产业原则建立各个产业系统工会的目标尚难实现。

1949 年 5 月，刘少奇在华北职工代表会议上作的关于工会工作的报告中要求尽快建立全国性产业工会。他提出：“列宁说，无产阶级的力量在于组织。”“我想是否可这样组织：

也按各种产业、各种公司，凡有全国性公司的，就组织全国性的工会，如全国的铁路总工会，纺织总工会等。”“店员工会、码头运输工会、文化教育工作者工会、政府机关工作人员工会，都可以各有自己全国性的总工会。”中华全国总工会按照刘少奇的要求，责成全国铁路总工会、全国邮政及电信工会，尽快召开全国代表大会，并决定成立纺织、煤炭、五金、食品、文化教育、出版、轻工业、店员等全国性的产业工会工作委员会。

1949 年 8 月，中华全国总工会作出《关于工会组织系统与工会关系问题的决定》，提出：工会是工人阶级的群众组织，按产业建立工会是组织工会的基本原则。但由于中国产业的不发达，社会经济的复杂情况以及地区的辽阔分散，不可能立即在全国范围内把工人群众都按产业系统组织起来。当时，只有铁路、海员、邮电三种产业工人已具备建立全国性的产业工会的条件，其余各种产业工会还只能以城市为单位或地区为单位建立自己的产业工会。

二、建设时期的产业工会

1949 年 10 月 1 日，中华人民共和国宣告成立，中国工人阶级从被剥削、被压迫的阶级成为国家的领导阶级，中国产业工会也迎来了加速成立、扩大发展、适当调整、积极投入建设新中国的新纪元。

在新中国成立的当月，中共中央要求工人阶级迅速组织起来，首先把产业工人组织起来，以恢复和发展生产，解决工人生活中的迫切问题。中华全国总工会根据中央指示精神发出了《关于进一步统一各地工会组织的通知》，要求在半年内，建立起铁路、邮电、海员、纺织、燃料（或煤矿与电气事业）、五金（包括军工）、食品、教育工作者、出版印刷事业、搬运工人等

10个或12个全国产业工会。

1950年4月，中华全国总工会召开全国组织工作会议，对产业工会的建立提出了范围更大、进度更快的要求。会议决定建立22个全国产业工会，规定全国产业工会必须进行的全国统一性的工作为：（1）参加各产业部门的行政管理机关制定生产业务的各项计划，发动全国性的生产竞赛与开展合理化建议运动，保证完成与超额完成生产计划，并及时总结与交流经验。（2）代表该产业部门中的全体工人、职员，与行政主管机关签订全国统一的集体合同，并按级领导和批准所属工会组织与该级行政方面或资方签订集体合同及按时检查与总结集体合同执行情况。（3）协助行政或资方检查安全卫生情况，向行政或资方提出对于安全卫生的设备及改造的建议，并监督执行。（4）有计划地进行职工的业务技术、文化等教育，培养干部。（5）规定上述各项工作在全国统一的工作计划，以及各个时期的工作重点与步骤。（6）有关产业统一性的工资问题与劳动保险工作。会议还对产业工会的名称和组织范围作了具体规定。在中华全国总工会统一领导和安排下，1951年已建立9个产业工会全国委员会，7个筹备委员会，3个工作委员会。同时，各大城市总工会也按照产业工会的组织原则，相继建立起一批市级产业工会。各全国产业工会从本产业特点出发，面向生产，大力总结推广先进经验，开展社会主义劳动竞赛，对完成本产业部门的生产任务，起了很好的作用。

1951年12月，中华全国总工会党组召开第一次扩大会议，对全国产业工会建立的情况进行了检查，并决定对全国产业工会的设置进行适当调整。1952年，中华全国总工会根据第一次党组扩大会议精神，提出了《关于调整产业工会组织形式与地方工会领导关系的方案》，决定将全国产业工会与地方工会的关系调整为：（1）产业发展在全国已有一套垂直领导系统的，如铁路、邮电、海员，以产业工会的统一领导为主，日常工作接受地方工会的领导。（2）产业相当发展，但还有一定地方性的，如纺织、电业、煤矿等产业工会，主要任务是解决产业统一性的问题，对下级组织的领导主要通过地方工会去实现。（3）具有严重分散的地方性产业，如店员产业工会，名义保留，实际上改为全国总工会的工作委员会性质的机构。（4）尚未成立产业工会的除必要者外，一般暂不成立。

1953 年，国家进入大规模经济建设的新时期。为了适应当时国家经济形势发展的需要，中华全国总工会提出建立健全产业工会组织、加强产业工会建设的要求，很快建立了 23 个全国产业工会，其中全国委员会 10 个，工作委员会 8 个，筹备委员会 5 个。同年 8 月，中华全国总工会针对产业工会盲目过快建立的情况，决定对已有的 23 个产业工会进行调整，只保留全国产业工会 15 个。到 1953 年底，全国共有各级产业工会 311 个，其中，15 个全国产业工会，76 个大行政区产业工会机构，141 个省和自治区产业工会和 79 个市县产业工会。此时，各产业工会贯彻以生产为中心的方针，广泛开展各种形式的劳动竞赛，积极配合行政完成生产任务。不少产业总结推广了一些适合本产业特点的先进生产经验，有力地促进了生产的发展。

1956 年，随着我国社会主义改造任务的基本完成，中华全国总工会对产业工会的发展思路也更加明晰，并及时作出了《关于加强产业工会工作的决议》，要求争取在一两年内把已有的和应该建立的产业工会都健全和建立起来，除铁路、二机、海员、邮电 4 个产业工会已实行系统领导外，电业、石油、盐业、重工业、一机、煤矿、纺织、林业、公路运输 9 个产业工会对所属工会或大部分工会组织实行系统领导，建筑、农业、水利、轻工业、商业、教育 6 个产业工会对一部分地区的下属组织实行系统领导。与此同时，粮食、化工、建筑材料、军需生产等全国性产业工会先后建立，民用航空、地质、财政金融、医务4个全国性产业工会相继恢复。在中华全国总工会的领导下，全国各产业工会的组织机构和工作都有不同程度的加强，工作日趋活跃，内容也更加丰富多彩，尤其是各产业、各地区的社会主义劳动竞赛开展得轰轰烈烈，有声有色，产业部门的许多特殊问题都得到了较好解决。到1956年底，全国一级的产业工会有25个，省级产业工会240个，省属市级产业工会348个。

从1957年起，我国进入了大规模社会主义建设新时期，中国产业工会也进入了明确组织体制、规定发展模式、确定职责范围、规范工作内容的新阶段。1957年，中央在审查中国工会第八次全国代表大会的《中国工会章程草案》时，明确提出了“中国工会是按照产业和地区相结合的原则在民主集中制的基础上组织起来的”。根据这一精神，中华全国总工会决定除一部分必须在全国实行统一集中领导的产业工会外，其余产业工会的基层组织和地方组织的日常工作，主要是依靠地方工会联合会来领导。

1958年3月，中共中央在成都召开工作会议，通过了《关于工会组织问题的意见的决议》，对中国工会及产业工会的体制作出了明确规定：各级工会组织应该以由同级党委领导为主，同时接受上级工会的领导；各省、市、自治区工会联合会可以考虑改为省、市、自治区总工会；产业工会的组织也应该作适当的调整，有的可以保留，有的可以适当合并，有的可以保留名义，有的可以取消。中华全国总工会当即建立体制小组，研究调整工会体制的方案。

1959年1月，中华全国总工会主席团讨论通过了《关于全国总工会及各产业工会全国委员会的组织机构和组织制度的规定》，根据中央成都会议决议精神，对全国产业工会的机构设置、职责任务及其组织关系作出了明确规定：第一，产业工会全国委员会只保留重工业、一机、煤矿、水利电力、石油、建筑、地质、纺织、轻工业、铁路、邮电、公路、海员、教育、财贸（原合作社、商业、金融合并）、农林（农业与林业合并）16个产业工会；粮食、民航、外事3个工作委员会撤销。第二，各产业工会全国委员会的具体任务是根据中共中央提出的政治任务、中心工作和全国总工会的要求，结合各产业的具体情况，着重面向基层抓典型，进行调查研究，反映情况，组织交流经验，进行国际联络工作。第三，全国产业工会对下的关系分别为：（1）大部分产业工会全国委员会可与下级组织建立相互联系，下级工会要将其向同级党委和地方工会的有关工作报告、专题材料等，抄送全国委员会。（2）铁路工会的区委员会以同级党委和地方工会领导为主，同时接受铁路工会全国委员会的领导。根据这个规定，中华全国总工会将产业工会全国委员会由原来的23个减少为16个，专职工作人员由1326人减为260余人。由产业工会集中管理的经费、劳动保险金，下放给地方工会；各产业工会全国委员会兴建和管理的117所疗养院、休养所，全部交给地方工会和相关行政部门。与此同时，各地产业工会也在各地总工会的领导下，普遍进行了组织上、体制上的调整。

十年“文化大革命”期间，产业工会被迫停止活动。在此期间，中华全国总工会机关除保留一个产业工会办公室外，各全国产业工会全部停止活动。

三、改革时期的产业工会

以党的十一届三中全会为标志，中国产业工会进入了全面拨乱反正、恢复调整组织、理顺组织体制、明确指导思想、健全工作机制、展示自身作用的改革新时期。

1978 年 10 月，中国工会九大通过《中国工会章程》，重申了中国工会八大确定的产业和地方相结合的工会组织领导原则，规定“同一国民经济部门或性质相近的几个国民经济部门，根据需要建立地方和全国性的产业工会或工作委员会”。此后，中华全国总工会根据工会工作发展的形势及各方面的反映，陆续恢复和建立了全国铁路总工会和邮电、轻工业、公路、海员、农林、纺织、财贸、地质、水电、石油、机械、建筑、教育、煤矿、化学、冶金全国委员会及国防、民航工会工作委员会和银行工会领导小组 19 个产业工会全国组织。各全国产业工会也先后召开工作会议，总结历史经验，研究恢复本产业工会组织问题。中华全国总工会相继转发了各全国产业工会召开工作会议的文件，推动各地方产业工会组织恢复和整建工作。

1982 年 7 月，中华全国总工会根据中央关于精简机构的要求，将全国产业工会组织分别不同情况作了新的调整：（1）保持单独建立产业工会的有铁路、海员（含公路运输）、邮电、水电、教育。（2）合并建立产业工会的有冶金机械（含国防）、石油化学、煤矿地质。（3）保留名义，联合办公，实质上是全国总工会调查研究工作机构的有纺织、轻工、财贸、建筑、农林。鉴于银行和民航两个部门在领导体制和业务上的特殊性，两个产业工会单独设置，实行民航总局党委和银行党组与中华全国总工会双重领导。这次机构改革后，全国产业工会减少到 11 个，其中有 3 个（铁路、民航、银行）是以行政主管部门党组领导为主，有 5 个产业工会（纺织、轻工、财贸、建筑、农林）实行联合办公。随着工作的发展，国防工会从机械工会中分离出来，成立国防工会工作委员会。轻工、财贸等 5 个产业工会的联合办公解体，各自作为产业工会的领导机关单独开展活动。

1983 年 10 月，中国工会十大通过的《中国工会章程》对发挥产业工会作用作了进一步的规定。《中国工会章程》强调：要发挥地方工会和产业工会两个积极性，并区别不同情况，将产业工会全国组织的领导体制分为三种情况：（1）行政生产、管理高度集中统一的产业部门，其工会组织的领导关系实行产业工会与地方工会双重领导，以产业工会领导为主，如铁路、民航。（2）产业具有很强的系统性，生产管理相对集中，其工会组织实行产业工会与地方工会双重领导。（3）管理权限基本在地方的产业，建立产业工会工作委员会，对下实行工作指导，其下属组织主要由地方工会领导。《中国工会章程》还强调建立市级产业工会的必要性。要求直辖市和大中城市总工会，主要通过市产业工会加强对基层工会的领导。在职工较多、部门比较分散的县和较小的市，也可以建立县、市产业工会。

1985年初，中华全国总工会为了在经济体制改革中更好地发挥产业工会的作用，提出《关于发挥产业工会作用的几点意见》：产业工会是工会组织的重要组成部分，在吸引职工群众参加改革，努力搞活企业、事业，提高经济效益和社会效益，提高职工素质，维护职工合法权益，完成四化建设任务等方面起着重要作用；产业工会全国组织与产业部是平等合作关系，在领导关系上，以中华全国总工会领导为主，同时接受部委党组的领导或指导；产业工会是一级组织，不是中华全国总工会机关的职能部门；为了给产业工会发挥作用创造必要的条件，中华全国总工会将在人权、财权、工作权、外事权等方面作一些简政放权的规定。随着中华全国总工会加强产业工会意见的贯彻落实，产业工会领导班子建设得到加强，中国工会十大至十一大期间，先后有铁路、民航、邮电、教育等产业工会召开全国代表大会，选举产生了新的领导机构，其他产业工会也都相应加强了领导班子建设。

自1986年以来，一些城市在经济体制改革中，按行业建立产业工会联合会，由各成员企业的工会主席作委员，并民主选举联合会主席，形成了依靠全体委员决策、主席与秘书长办公会议协商执行的运行机制，促进了产业工会群众化和民主化建设。中华全国总工会肯定了这种联合制、代表制的工会组织体制，并把它明确写入了《中国工会章程》。

1988 年，中国工会十一大以后，中华全国总工会对产业工会的工作给予充分肯定。同时，根据产业工会工作的指导思想和工作重点还不够明确、组织体制还没有完全理顺、多数产业工会领导机构还不健全等实际状况，于 1990 年先后印发《关于加强全国产业工会建设的若干问题的意见》和《关于进一步建立健全产业工会全国委员会若干问题的暂行规定》，要求逐步把产业工会建设成为有利于发挥产业特色，结构合理、运转协调、灵活高效的组织，并对健全全国产业工会领导班子和调整加强其工作机构等问题提出了具体意见。为强化产业工会更好地代表本产业职工的利益诉求，加强源头参与和宏观维护的功能，理顺产业工会与地方工会的关系，按照产业工会的体制应与对应的产业部的体制相适应的原则，《关于加强全国产业工会建设的若干问题的意见》将产业工会分为三种类型：（1）凡经济部门实行系统管理体制的，与其对应的产业工会，也应实行以产业工会领导为主，同时接受地方工会领导的体制。（2）一些经济部门人财物的管理相对比较集中，跨省市的大企业比较多，与其对应的产业工会，可以逐步向加强产业工会组织领导的方向过渡，待条件成熟时，再对其体制作必要的调整。（3）其余大部分经济部门，其人、财、物的管理权基本上是集中于地方的，与这些经济部门相对应的产业工会，均实行以地方工会领导为主，同时接受上级产业工会业务指导的体制。《关于加强全国产业工会建设的若干问题的意见》要求，逐步健全产业工会领导机构，抓紧配备产业工会干部。产业工会全国委员会应民主选举产生，有些可以实行联合制、代表制产生全国委员会，以改变多数产业工会名为全国委员会，实则没有委员的不正常状态。全国委员会主席、副主席可配兼职，并设常委会，实行民主集中制。到1991年，各全国产业工会按照《关于加强全国产业工会建设的若干问题的意见》要求，先后召开了新一届代表大会或委员会全体会议，健全了产业工会全国领导机构。铁路、民航、金融、邮电等产业工会实行以产业工会领导为主的体制。到1997年底，全国共有全国产业工会16个，县以上地方产业工会17549个。

1998年以来，随着中央国家机关机构改革，相当数量的国务院所属经济管理部门被撤销、合并，一些产业工会失去了对应联系的政府部门，产业工会工作特别是源头参与工作遇到许多新情况、新问题。2000年，中共中央办公厅、国务院办公厅印发了《关于印发〈21个群众团体机关机构改革意见〉的通知》。根据通知精神，中华全国总工会党组研究制定了《中华全国总工会机关机构改革方案》，决定将原有的23个内设局级机构改为22个，其中，中华全国总工会机关职能部门由11个调整为15个，驻会全国产业工会由13个调整为7个。它们是中国教科文卫工会、中国海员建设工会、中国能源化学工会、中国机冶建材工会、中国国防邮电工会、中国财贸轻纺烟草工会、中国农林水利工会。这些全国产业工会（除中国国防邮电工会的邮电系统实行以产业领导为主的体制外）所属地方产业工会实行产业工会与地方工会双重领导，以地方工会领导为主的组织领导体制。驻产业部委的产业工会有3个，它们是中华全国铁路总工会、中国民航工会、中国金融工会，继续实行以产业工会领导为主的组织领导体制。与此同时，各级地方总工会根据中华全国总工会机构设置和本地实际情况，相继对本地产业工会的设置作了相应调整。

2008年6月，中华全国总工会召开了全国产业工会工作会议并下发了《关于加强和改进新形势下产业工会工作的意见》，对加强新形势下产业工会主要职责、工作目标任务、建立健全产业工会组织体系、建立适应市场经济要求的产业工会工作运行机制和工作方式等作出了明确规定和要求。这就需要全国各级产业工会结合社会主义市场经济条件下本产业职工发展变化的新特点，积极探索适应新形势、新情况的产业工会工作规律，自觉坚持走中国特色社会主义工会发展道路，不断推进产业工会工作走向新的发展阶段。

第三节　党的十八大以来的产业工会

党的十八大以来，我国经济社会建设飞速发展，全面深化改革不断深入推进，取得了改革开放和社会主义现代化建设的历史性成就。习近平总书记对工人阶级和工会工作高度重视，多次作出重要论述，为做好工会工作指明了方向，也对产业工会工作提出了新的任务和更高要求。

2015年1月，党中央印发《关于加强和改进党的群团工作的意见》，强调改革创新是群团工作发展进步的不竭动力，要不断推进群团工作和群团组织建设理论创新、实践创新、制度创新。7月，中央党的群团工作会议召开，习近平总书记发表重要讲话，对群团组织改革创新提出明确要求，强调要在群团组织中深入推动思想教育、问题整改、体制创新，转变思想观念，强化群众意识，改进工作作风，提高工作水平。7月下旬，党中央决定在全国总工会开展中央群团机关改革试点。11月9日，习近平总书记主持召开中央全面深化改革领导小组第十八次会议，审议通过《全国总工会改革试点方案》，对推进党的群团改革作出重要指示、提出明确要求。这是党中央从统筹推进“五位一体”总体布局和协调推进“四个全面”战略布局出发、加强和改进新形势下党的群团工作的重要举措，是全总和各级工会必须完成的一项重大的政治任务，更是各级产业工会必须完成的重大政治任务。

2015 年 12 月 7 日，按照《全国总工会改革试点方案》中“本届各驻会全国产业工会全委会委员中劳模和一线职工比例分别提高到9%以上。常委会成员中劳模和一线职工比例分别提高到9%以上。分别增设 2 名兼职副主席”的要求，经全总党组第五十次会议审议通过，全总组织部印发了《关于提高各驻会全国产业工会全委会委员、常委会成员中劳模和一线职工比例工作实施意见》，要求各驻会全国产业工会提高领导机构中劳模和一线职工比例。2016 年 1 月，中国教科文卫体工会等 6 个产业工会在全国委员会全体会议上履行民主程序，2016 年 8 月，中国农林水利气象工会召开全国委员会全体会议履行民主程序，确认了劳模和一线职工委员，选举了劳模和一线职工兼职副主席、常委。7 个驻会全国产业工会实现全委会委员、常委会成员中劳模和一线职工比例提高到9%以上，分别增设 2 名兼职副主席，切实增强了各全国产业工会领导机构的群众性、代表性。

2016 年 10 月，根据《全国总工会改革试点方案》提出的“支持产业工会开展具有各自特色的维权服务等工作，改进方式方法。围绕产业战略布局和发展、维护产业职工合法权益等开展专题调研，提出政策和工作建议，有效发挥产业工会的职能作用”的要求，全国总工会召开了全国产业工会工作会议，全国总工会党组书记、副主席、书记处第一书记李玉赋出席会议并讲话。李玉赋同志指出，面对新形势、新任务，产业工会工作只能加强、不能削弱。他强调，要深入学习贯彻习近平总书记系列重要讲话精神特别是关于工人阶级和工会工作的重要论述，贯彻落实中央党的群团工作会议和全国国有企业党的建设工作会议精神，按照李建国同志的明确要求，深入推进产业工会工作创新发展，全面提高产业工会工作水平，在团结引导广大职工为实现“中国梦”而努力奋斗中充分发挥产业工会的作用。会上研究讨论了《中华全国总工会关于深入推进产业工会工作创新发展的意见（征求意见稿）》，中国机械冶金建材工会等7个单位介绍了经验做法。全国总工会副主席、书记处书记陈荣书主持会议并做会议总结。全国总工会党组、书记处负责同志出席会议。各省、自治区、直辖市总工会分管产业工会、组织工作的负责同志和组织部部长，各全国产业工会、中央直属机关工会联合会、中央国家机关工会联合会负责同志，全国总工会有关部门负责同志，各副省级城市总工会分管产业工会工作的负责同志和部分经验单位的负责同志参加会议。2016年11月，全国总工会印发了《中华全国总工会关于深入推进产业工会工作创新发展的意见》，从7个方面明确了深入推进产业工会创新发展的具体要求，推动各级工会把推进产业工会工作创新发展作为重要责任，加强组织领导，加大支持保障，为产业工会工作创造有利条件。各级产业工会聚焦重点、突破难点，找准产业工会体现价值的着力点，充分展示产业工会新形象和新作为，探索形成具有中国特色的产业工会工作新格局。

按照全总党组统一部署，根据《中华人民共和国工会法》和《中国工会章程》有关规定，2017年2月，中国海员建设工会、中国能源化学地质工会、中国机械冶金建材工会、中国国防邮电工会、中国财贸轻纺烟草工会、中国农林水利气象工会6个驻会全国产业工会进行了集中换届，选举产生出第四届全国委员会领导机构；2017年9月，中国教科文卫体工会进行了换届，选举产生出第四届全国委员会领导机构。各全国产业工会的领导机构得到进一步加强。

在全国总工会的领导下，各全国产业工会改革创新的同时，各级工会坚持问题导向，有力有序地推进工会系统改革，在加强对产业工会组织领导、健全组织体系、完善体制机制、创新方式方法、提高产业工会委员中劳模和一线职工比例等重点领域和关键环节持续精准发力，取得了显著成效，各级产业工会工作不断创新发展。

2017 年 2 月 6 日，习近平总书记主持召开中央全面深化改革领导小组第三十二次会议审议通过《新时期产业工人队伍建设改革方案》，会议指出，工人阶级是我国的领导阶级，产业工人是工人阶级的主体力量。要从巩固党的执政基础的高度，从促进我国经济社会持续健康发展的高度，加快产业工人队伍建设改革，坚持全心全意依靠工人阶级的方针，按照“政治上保证、制度上落实、素质上提高、权益上维护”的总体思路，针对影响产业工人队伍发展的突出问题，创新体制机制，提高产业工人素质，畅通发展通道，依法保障权益，造就一支有理想守信念、懂技术会创新、敢担当讲奉献的宏大的产业工人队伍。习近平总书记关于产业工人队伍建设的重要论述，站在党和国家工作全局的战略高度，深刻回答了我国工运事业特别是产业工人队伍建设改革中一系列重大理论和实践问题，为推进工会工作以及产业工会工作提供了基本遵循和行动指南。

2017 年 4 月，中共中央、国务院印发了《新时期产业工人队伍建设改革方案》，就产业工人队伍建设改革专门进行谋划和部署。《新时期产业工人队伍建设改革方案》指出要按照“政治上保证、制度上落实、素质上提高、权益上维护”的总体思路，针对影响产业工人队伍发展的突出问题，采取有力举措，加快改革步伐，创新体制机制，提高产业工人素质，畅通发展通道，依法保障权益，确保改革任务落地见效。《新时期产业工人队伍建设改革方案》要求，建立贯彻落实协调机制，由全国总工会牵头、各相关部门参与，加强对产业工人队伍建设改革的宏观指导、政策协调和组织推进。这是党中央赋予全总的一项重大政治任务。《新时期产业工人队伍建设改革方案》明确提出，要创新面向产业工人的工会工作，认真抓好各项政策措施的落实，这为产业工会发挥作用搭建了新舞台、提供了新载体、带来了新契机。产业工会在推进产业工人队伍建设改革中具有独特优势和作用，这是产业工会义不容辞、责无旁贷的任务。

在《新时期产业工人队伍建设改革方案》出台前，为摸清产业工人队伍建设情况，2016 年 11 月，按照中央有关要求，全国总工会会同国家发展改革委、教育部、工业和信息化部、人力资源和社会保障部成立 6 个联合调研组分赴 11 个省（区、市）、4 所职业院校、24 家企业开展实地调研，形成了《关于产业工人队伍建设调研报告》，从产业工人队伍基本情况、面临的突出问题、对策建议等方面进行了深入的调查研究和分析论证，为《新时期产业工人队伍建设改革方案》的出台奠定了坚实的现实基础，也为产业工会工作改革创新提供了参考。

2017 年 1 月至 8 月，全国总工会组织开展了第八次全国职工队伍状况调查，对涉及职工队伍总体状况的新特点、内部结构的新变化、职工权益实现的新情况，聚焦职工队伍技术技能素质、新技术新业态新模式蓬勃发展的深刻影响、互联网和新媒体广泛应用给职工带来的巨大变化等问题进行调研，10 个全国产业工会在本产业内有关行业或企事业单位进行典型调查，摸清了 2012 年以来我国产业职工队伍发展状况、面临的新情况、新问题等，为开展具有针对性的产业工会工作奠定基础。

党的十九大在我们党和国家发展历史上，是一次具有划时代和重大里程碑意义的大会。大会作出了中国特色社会主义进入了新时代、我国社会主要矛盾已经转化为人民日益增长的美好生活需要和不平衡不充分的发展之间的矛盾等重大政治论断，深刻阐述了新时代中国共产党的历史使命，确立了习近平新时代中国特色社会主义思想的历史地位，提出了新时代坚持和发展中国特色社会主义的基本方略，确定了决胜全面建成小康社会、开启全面建设社会主义现代化国家新征程的目标，进一步指明了党和国家事业的前进方向。坚持以习近平新时代中国特色社会主义思想为指导，深入学习贯彻党的十九大精神，加强和做好新时代产业工会工作，是各级产业工会要把握的前进方向、根本遵循和重要课题。党的十九大报告中有关工人阶级和工会工作的重要论述，对包括产业工会在内的各级工会组织提出了新任务、新要求，符合工人阶级根本利益和长远利益，必将给广大职工带来更大的福祉，激发广大职工的劳动热情和创造活力。

2017 年 12 月 26 日，全国总工会在京召开产业工会工作座谈会，李玉赋同志出席会议并讲话，强调要深入学习贯彻习近平新时代中国特色社会主义思想和党的十九大精神，从政治和大局出发，统一思想、提升站位，明确方向、强化担当，以求实的精神、扎实的作风、务实的举措，持续加大《新时期产业工人队伍建设改革方案》的落实力度，深入推进新时代产业工会工作创新发展。全国总工会副主席、书记处书记、党组副书记邓凯主持会议。全国总工会党组、书记处负责同志出席会议，全国铁路、民航、金融工会领导班子成员，各驻会全国产业工会正处长以上干部，全总机关有关部门负责同志等参加会议。会上，安徽省总工会、北京市工业（国防）工会、江苏省财贸轻纺工会、上海建工集团股份有限公司工会 4 个地方和产业工会介绍了推进产业工会工作创新发展的经验，10 个全国产业工会汇报了学习贯彻习近平新时代中国特色社会主义思想和党的十九大精神，贯彻落实《新时期产业工人队伍建设改革方案》，推进产业工会工作创新发展等情况。

为落实《新时期产业工人队伍建设改革方案》，创新技能导向的激励机制，进一步鼓励辛勤劳动、诚实劳动、创造性劳动，增强生产服务一线岗位对劳动者吸引力，建设知识型、技能型、创新型劳动者大军，营造劳动光荣的社会风尚和精益求精的敬业风气，2018 年 3 月，中共中央办公厅、国务院办公厅印发了《关于提高技术工人待遇的意见》，并发出通知，要求各地区各部门结合实际认真贯彻落实。按照《关于提高技术工人待遇的意见》，全国总工会将积极配合人社部等部门落实任务分工，采取有效措施，推动提高技术工人待遇，不断提升技术工人社会地位。继续实行高技能领军人才在工会组织中挂职和兼职，适当提高其在职工代表大会中的比例，推动企业吸纳高技能领军人才参与经营管理决策，并推动完善技术工人国家级奖项，完善保障技术工人平等享受促进技术创新成果转化收益政策，推动提高高技能领军人才的经济待遇、社会待遇。与此同时，针对实施工资激励计划、提高技术工人收入水平，强化评价使用激励工作、畅通技术工人成长成才通道，以及职工教育培训经费提取和使用等政策，工会将通过职代会、工资集体协商、厂务公开等方式发挥监督作用，确保落到实处。

党的十九届三中全会审议通过了《中共中央关于深化党和国家机构改革的决定》和《深化党和国家机构改革方案》，这是以习近平同志为核心的党中央从党和国家事业发展全局的战略高度出发，作出深化党和国家机构改革的重大政治决策，这是贯彻落实党的十九大精神的一项重大举措，是新时代全面深化改革的一项重大举措，对决胜全面建成小康社会、开启全面建设社会主义现代化国家新征程、实现中华民族伟大复兴的中国梦具有十分重大的现实意义和深远的历史意义。这对包括产业工会在内的各级工会组织提出了更高要求，要按照党中央统一部署，以增强政治性、先进性、群众性为主线，结合产业工会工作实际，认真研究谋划产业工会工作，把产业工会建设得更加充满活力、更加坚强有力。

思考题：

1. 什么是产业？
2. 什么是产业工会？
3. 新时代中国产业工会创新发展的有利契机有哪些？

第二章 产业工会的地位和职责

中国工会是中国共产党领导的职工自愿结合的工人阶级群众组织。产业工会是中国工会的重要组成部分，是社会经济矛盾发展和产业职工权益诉求的必然产物。

在中国特色社会主义进入新时代的历史征程中，产业工会肩负着重要历史使命，需要充分发挥产业工会在促进产业改革发展、协调产业劳动关系、维护产业职工利益、推动工会全局工作开展中的重要作用。

第一节 产业工会的地位

一、产业工会是一级重要工会组织

产业工会是由同一行业或性质相近的几个行业职工组成的具有社团法人资格的工会组织。

《中华人民共和国工会法》明确规定："中华全国总工会、地方总工会、产业工会具有社会团体法人资格。"

《中国工会章程》规定："中国工会实行产业和地方相结合的组织领导原则。同一企业、事业单位、机关和其他社会组织中的会员，组织在一个工会基层组织中；同一行业或者性质相近的几个行业，根据需要建立全国的或者地方的产业工会组织。除少数行政管理体制实行垂直管理的产业，其产业工会实行产业工会和地方工会双重领导，以产业工会领导为主外，其他产业工会均实行以地方工会领导为主，同时接受上级产业工会领导的体制。”“全国产业工会、各级地方产业工会、乡镇工会和城市街道工会的委员会，可以按照联合制、代表制原则，由下一级工会组织民主选举的主要负责人和适当比例的有关方面代表组成。”

由此，可以清楚地看到，产业工会是由国家法律、《中国工会章程》明确界定的一级工会组织，不能等同于一级工会组织中职能部门和内设机构。具体表现为：产业工会实行委员会下设委员的体制，由产业工会代表大会或按照联合制、代表制原则组成的委员会全体会议，选举产生产业工会委员会；产业工会委员会负责审议和批准产业工会的工作报告；产业工会具有社会团体法人资格。

坚持什么样的组织领导体制，是事关我国工会性质和工运事业发展的重大问题。在长期实践中，中国工会确立起了产业和地方相结合的组织领导原则，坚持民主集中制，坚持全国建立统一的中华全国总工会。这种组织体制，有利于发挥产业和地方工会的积极性，有利于维护工人阶级的整体利益，有利于保持职工队伍的团结和工会组织的统一，必须始终坚持。

坚持工会组织的团结统一，是中国工会的组织原则和组织优势。中国工会是各产业工会和地方工会按照民主集中制原则组成的统一整体，产业工会是统一的中华全国总工会不可分割的重要组成部分。

二、产业工会是产业职工利益的代表者

产业发展是国民经济发展的基础，产业职工是工人阶级的主体。不同产业的职工有各自不同的利益诉求，充分表达本产业职工利益诉求，维护产业职工合法权益，是产业工会的

职责所在。

随着改革的深化、产业结构的调整和政府对产业调控方式的转变，劳动关系矛盾的产业性特征更加突出，产业职工利益与产业政策的关联度日益增强。产业工会要发挥对产业政策熟悉、与企业和职工联系紧密的优势，在协调产业劳动关系、维护产业职工合法权益等方面充分体现其作为。要旗帜鲜明地支持产业改革发展，在维护全体职工和全国人民总体利益的基础上，突出搞好产业职工具体利益维护，做产业职工利益的忠实代表者和维护者，推动解决本产业职工最关心、最直接、最现实的利益问题。

（一）代表和维护产业职工的合法权益是产业工会与生俱来的历史使命和基本职责

工会是职工自愿结合的工人阶级的群众组织，职工参加和组织工会的目的是期望工会能够代表和维护他们的权益。工会是经济关系、劳动关系矛盾的产物，工会的属性和职工的意愿决定了维护职工权益是工会组织安身立命之本。如果不能有效地维护职工的利益，工会就无法赢得职工的信赖和支持，就会动摇它存在的前提和基础。从这个意义上讲，维护职工权益是工会运动的普遍规律和一般要求。作为一级工会组织的产业工会，代表和维护产业职工的合法权益，也正是遵从这个普遍规律的一个具体反映。同时，作为产业职工的群众性组织，产业工会又有其特定的职工群体作为其代表和服务的对象，这就决定了其作为产业职工合法权益代表者和维护者的特殊的社会身份和作用。

（二）代表和维护产业职工的合法权益是社会主义初级阶段的主要矛盾决定的

在我国，社会主义制度的确立，为实现、维护和发展广大产业职工的合法权益提供了最坚实、最根本的制度保证。党的十九大报告作出了我国目前处于并将长期处于社会主义初级阶段的科学判断。在社会主义初级阶段，随着社会主义市场经济体制的建立和不断完善，在坚持公有制为主体、多种所有制经济共同发展的现实背景下，我国社会利益关系更加复杂，社会经济成分、组织形式、就业方式、利益关系和分配方式呈现多样化，不同产业之间、同一产业不同职工群众之间的利益差异扩大，劳动定额、工资标准、劳动保护等带有更明显的产业、行业特点，需要产业工会从产业、行业特点出发加强协调劳动关系。同时，政府对产业调控的方式更多地转变为政策指导和市场引导，产业职工利益与国家产业政策的关联度进一步提高，需要产业工会加强宏观和源头参与，从产业层面协调劳动关系，推动建立与社会主义市场经济相适应的新型劳动关系，充分代表和维护产业职工合法权益。

当前，我国产业职工队伍在内部结构、就业形态、技能素质、权益实现、价值观念等方面出现了许多新情况、新问题、新变化，特别是在利益诉求方面呈现出新特征、新趋势。中国特色社会主义进入新时代，我国社会主要矛盾已经转化为人民日益增长的美好生活需要和不平衡不充分发展之间的矛盾。广大产业职工日益增长的美好生活需要，就是包括产业工会在内的各级工会的奋斗目标。

（三）代表和维护产业职工合法权益是适应职工队伍发展变化的现实需要

建设现代化经济体系，深化供给侧结构性改革，对我国传统产业优化升级、加快发展现代服务业提出了新目标、新要求，为产业发展和产业职工利益的实现带来新的机遇。国有企业改革的深化，产业结构的进一步调整，使产业职工队伍结构和成分发生了明显变化，非公有制企业职工、农民工成为产业职工队伍的重要组成部分，不同产业职工利益实现的差异更为明显。

比如，采掘业职工一般作业环境艰苦，劳动强度较大；装备制造业对职工的操作技能要求较高，职工自身发展权益更为突出；教育科研部门知识分子相对集中，掌握较多的科学文化知识，具有强烈的社会责任感，对参与民主和自身发展有着强烈的愿望；地质行业职工工作地点变动性大、生活环境相对艰苦；化工行业职工接触有毒有害物质较多；等等。这些产业特点既造成了同一产业影响职工权益的倾向性问题大体相同，同一产业职工利益要求也大体一致或相对集中；又使得不同产业之间职工利益存在明显的差异。正是由于这种产业及其职工利益需求的差异性，需要不同的产业组成不同的产业工会来代表他们的利益诉求，更好地代表好、维护好、实现好本产业职工的经济、政治、文化、社会等各项权益。

第二节　产业工会的职责

产业工会是我国工会全面履行各项社会职能、突出维护职能的重要组织力量，是工会在党和国家工作大局中充分发挥作用的重要组织平台，是产业职工合法权益的代表者和维护者、产业劳动关系的协调者、产业经济持续健康发展的促进者，在维护产业职工合法权益、协调产业劳动关系、加强产业职工队伍建设、促进产业改革发展中具有重要地位和不可替代的作用。

产业工会与对口部门、行业协会、科研院校等联系紧密，沟通顺畅，具有联系广泛的优势。产业工会了解产业发展全局，掌握产业结构调整趋势，熟悉本产业职工队伍，具有熟悉产业特点的优势。产业工会联系基层最紧密，指导企业最直接，服务职工最便捷，具有直通基层的优势。产业工会的优势决定了产业工会在参与制定国家产业政策法规、促进产业改革发展、协调劳动关系等方面能够充分发挥独特作用。

一、参与制定国家产业政策法规

（一）参与制定产业政策法规是产业工会履行代表和维护产业职工合法权益的基本职责，履行社会职能的必然要求

实践表明，产业工会要发挥表达和维护产业职工合法权益的社会作用，必须通过一定的途径和手段。在社会主义条件下，既要通过协调利益矛盾，调解利益纠纷；也要通过正常渠道反映产业职工的利益要求，促进问题的解决。但由于产业职工合法权益在很大程度上取决于产业政策、产业法规，所以，产业工会代表和维护产业职工合法权益最重要的途径和手段，就是参与产业政策法规的制定，从而使产业职工的合法权益从源头上就具有法律依据和法律保障。

（二）参与制定产业政策法规是体现我国国体、政体本质的必然要求

在我国，以产业职工为主体的工人阶级是国家的领导阶级。因此，国家制定政策和法律法规理所当然地应当充分反映和强制实现工人阶级的意志。实践表明，包括产业职工在内的全体人民的根本利益在党和政府的决策、国家法律法规制定过程中能够得到有效保证和体现。但是，不同产业的劳动关系主要是由不同的产业政策法规来调整和规范的，要使这些产业政策法规更好地体现和保障产业职工的合法权益，就需要在其制定过程中有各方面的广泛参与，其中产业工会的参与是一个重要方面。产业工会与产业职工联系最直接、最密切，最了解产业职工的各种利益诉求，从而为产业工会参与产业政策法规的制定提供了内在的基本条件，实践也证明了我国产业工会能够胜任参与制定产业政策法规的重要职责。

（三）参与制定产业政策法规是实施依法治国方略，建设社会主义法治国家的必然要求

社会主义市场经济是在社会主义国家政权宏观调控指导下的有序经济，本质上是一种法治经济。要健全和完善社会主义市场经济体制，必须建立健全完善的社会主义法律体系，包括完善的产业政策法规。产业工会参与产业政策法规的制定，有利于促进产业的市场行为规范，促进产业资源的优化组合，促进产业改革发展，促进社会主义法治建设。

（四）参与制定产业政策法规是落实党的全心全意依靠工人阶级指导方针的必然要求

全心全意依靠工人阶级是我们党长期坚持的根本方针，产业工会参与制定产业政策法规是贯彻这一方针的具体体现。实践证明，产业工会参与制定产业政策法规，能充分反映企业的实际情况和职工的愿望要求，有利于保护、调动和发挥广大职工群众的积极性和创造性，依靠广大职工促进企业和产业的发展。

二、促进产业改革发展

（一）促进产业改革发展，是社会主义制度下产业工会、产业职工、产业部门和企事业单位根本利益的一致性所决定的

产业的改革发展是产业职工的根本利益所在。没有产业的改革和发展，就没有产业职工的根本利益，产业职工的具体利益也会成为无源之水、无本之木。我国产业工会通过表达和维护本产业职工的合法权益，充分调动产业职工的生产积极性；通过围绕产业中心工作，组织群众性的经济技术活动，促进企业和产业提高经济效益；通过推动所属企业事业单位开展“学习型企业”“学习型组织”创建活动，提高产业职工的文化技

术素质。这些都对推进产业的改革、创新、技术进步和发展发挥了积极而又重要的作用。

（二）促进产业改革发展，是产业工会服从服务于全党全国工作大局的出发点和归宿

发展是硬道理，是党执政兴国的第一要务。当前，我们党领导的全国人民决胜全面建成小康社会和开启全面建设社会主义现代化国家的伟大事业，是惠及包括全体产业职工在内的全体人民的发展之举和中华民族的复兴之路，是全党全国工作的根本大局。而自觉服从服务于全党全国工作这一大局，是我国产业工会从根本上表达和维护产业职工的合法权益，真正发挥产业工会不可替代作用的重要原则之一。产业工会旗帜鲜明地支持改革，旗帜鲜明地维护职工的合法权益，既能赢得广大产业职工的信赖与拥护，不断增强自己的凝聚力和吸引力，同时也能更好地把产业和企业的改革发展宏图变为广大职工的自觉行动，推动改革发展目标的顺利实现。

三、协调产业劳动关系

（一）积极协调产业劳动关系是由产业工会的性质决定的

劳动关系是最基本的社会关系，是维系社会稳定、产业稳定、企事业稳定，构建社会主义和谐社会的重要基础。工会是社会经济矛盾的产物，说到底也是劳动关系矛盾的产物。产业工会作为中国工会的重要组成部分，作为产业职工合法权益的代表者和维护者，必然把协调产业劳动关系作为自身的重要职责，为维护和谐稳定的劳动关系充分发挥自己的作用。随着我国改革的深化、产业结构的进一步调整以及企事业单位劳动人事、分配制度改革的逐步推进，社会经济成分、组织形式、就业方式和分配方式日益多样化，经济关系和劳动关系日趋复杂化，各种利益矛盾呈现凸显态势，整个社会的劳动关系矛盾必

然通过各个产业、行业和部门的劳动关系矛盾体现出来，这就决定了产业工会在协调本产业劳动关系矛盾中具有不可替代的特殊地位和身份。而产业工会协调劳动关系的成效将直接影响到本产业劳动关系的稳定乃至整个社会的稳定，影响到整个工会组织在工人阶级群众中的形象，最终影响到本产业的改革和发展。

（二）产业工会在协调产业劳动关系中具有独特作用

由于产业劳动关系的特殊性和产业工会在协调本产业劳动关系中的特殊地位及不可替代性，决定了产业工会在协调产业劳动关系中的独特作用。这种作用主要表现在八个方面：一是本产业劳动法规制定过程中的参与作用；二是本产业职工一方劳动关系诉求的代言人作用；三是本产业劳动关系的疏导和预警作用；四是本产业劳动争议和劳动纠纷的调解作用；五是劳动法律法规执行过程中的监督作用；六是劳动合同、平等协商和集体合同制度的推进作用；七是处理本产业劳动关系群体事件的协助作用；八是本产业职工劳动争议仲裁的配合作用及对职工法律服务和法律援助作用。这些作用的充分发挥，必将促进产业劳动关系的和谐稳定乃至社会的稳定，最终推进社会主义现代化事业的建设。

四、贯彻落实全国工会方针政策和工作任务

（一）贯彻落实全国工会工作方针任务是由中国产业工会在中国工会组织体系中的地位决定的

中华全国总工会第十四届执行委员会主席团第六次全体会议通过的《关于坚持走中国特色社会主义工会发展道路的决议》明确指出：“高度统一的组织领导体制是事关中国工会性质和工会未来发展的重大问题。”产业工会作为中国工会的重要组成部分，坚持自觉贯彻落实中华全国总工会确定的方针任务，

自然是责无旁贷、理所当然。

（二）贯彻落实全国工会工作方针任务是坚持走中国特色社会主义工会发展道路的必然要求

中国工人阶级和工会组织的团结和统一，既是中国工人阶级和工会组织的优良传统，又是中国工人阶级和工会组织的政治优势。因此，坚持走中国特色社会主义工会发展道路，必然要求各级产业工会在组织领导、发展方向、工作的指导思想与基本目标等方面自觉与全国工会的方针任务相统一，使其既符合本产业具体情况及职工诉求的实际，又比较全面地体现中华全国总工会作出的各项重大决定和决议的基本精神及地方总工会的工作要求，只有这样，才能使我国产业工会的工作既体现出鲜明的时代特征和产业特点，又能符合党的要求、政府的希望和职工群众的愿望。

思考题：

1. 如何理解产业工会的重要地位？
2. 产业工会的职责有哪些？
3. 产业工会的作用和优势有哪些？

第三章　产业工会的组织体系和相应的职责任务

组织体系是指若干有关事物或某些意识相互联系而构成的统一整体。产业工会的组织体系是指工会会员与产业工会组织及各级产业工会组织之间发挥其功能所构成的相互联系与相互作用的统一整体。产业工会的职责任务是指各级产业工会组织的地位作用及其所担负的责任与相应的工作。了解产业工会的组织体系和职责任务，对于加强产业工会建设，更好地发挥产业工会的作用具有重要意义。

第一节　产业工会的组织原则、结构和类型

组织原则是指按一定方式组织一级组织、一个机构或一个单位的指导思想和必须遵循的重要规则。组织结构是指一个组织的框架体系，它既是组织存在的形式，也是组织内部分工与合作关系的集中体现，就本质而言，组织结构反映的是组织成员之间的分工协作关系。组织类型是对一个组织按其不同的功能、特征或标准所进行的分类。本节主要是通过阐述产业工会的组织原则、组织结构和组织类型，来说明产业工会的组织体系。

一、产业工会的组织原则

产业工会的组织原则是产业工会在组织方式及内部组织关系方面的准则。它对于产业工会的组织结构、组织体系、组织领导均具有规范和指导作用。它是在工会运动自身发展的过程中逐步确立的。

《中华人民共和国工会法》明确规定："工会各级组织按照民主集中制原则建立。"《中国工会章程》明确规定："中国工会实行产业和地方相结合的组织领导原则。同一企业、事业单位、机关和其他社会组织中的会员，组织在一个工会基层组织中；同一行业或者性质相近的几个行业，根据需要建立全国的或者地方的产业工会组织。除少数行政管理体制实行垂直管理的产业，其产业工会实行产业工会和地方工会双重领导，以产业工会领导为主外，其他产业工会均实行以地方工会领导为主，同时接受上级产业工会领导的体制。各产业工会的领导体制，由中华全国总工会确定。""各级地方产业工会组织的设置，由同级地方总工会根据本地区的实际情况确定。""地方总工会是当地地方工会组织和产业工会地方组织的领导机关。全国建立统一的中华全国总工会。中华全国总工会是各级地方总工会和各产业工会全国组织的领导机关。"这就从法律和章程上明确规定了产业工会在中国工会组织体系中的地位作用，是我们研究和加强产业工会建设，发挥产业工会作用的重要理论、法律依据和必须遵循的重要的组织原则。

认真贯彻中国工会产业与地方相结合的组织领导原则，有利于工会接受党的领导，有利于发挥工会在国家和社会事务管理中的民主参与、民主管理作用，有利于团结和统一全国工人阶级的力量，有利于发挥产业工会和地方总工会的两个积极性。在产业和地方相结合的组织领导原则指导下，我国产业工会的组织原则主要有：

（一）产业原则

产业原则是指以产业系统组织工会和实行联合的原则，或进一步概括为是按照国民经济、社会分工和产业性质组织工会和实行联合的原则。按产业原则组织工会是列宁首先提出来的。其具体做法是将在同一企事业的工会会员，不分职业、工种、职务、技术工人与熟练工人、体力劳动与脑力劳动，组织在同一企事业的工会组织中；各企事业单位再根据其所属的产业系统，如铁路、纺织、煤炭、交通等，组织该产业的地方委员会和全国委员会。我国工会与发达资本主义国家工会的区别在于：我国是将在同一企事业单位的职工组织在同一个工会基层组织中，再按照产业分类，参加所属产业工会，而发达资本主义国家则是按照产业分类，组织企业职工参加同一产业工会。按产业原则组织工会适应了协调劳动关系和工人运动的客观需要，有利于增强工人阶级的团结，有利于工会从本产业的性质和特点出发，代表和维护本产业职工的利益，开展具有产业特色的工作，促进产业经济发展。

（二）行业原则

行业原则是指按照产业内部分工和行业性质组织工会和实行联合的原则。一个产业可以分为若干行业，如在纺织产业中可分为棉纺、印染、针织、丝绸、纺织机械等行业。按照行业原则建立的工会，称为行业工会。

随着我国经济社会的发展，产业结构差异性逐步扩大，产业内不同行业专业化分工不断加强，进一步明确和强调按照产业的内部分工和行业性质实行联合和组织行业工会的原则，有利于建立与社会主义市场经济相适应，与不断加快的工业化、城镇化进程相协调的工会组织体系；有利于发挥产业工会在协调劳动关系、维护本产业职工合法权益和职工队伍稳定方面的作用；有利于调动广大职工的积极性，团结组织本产业职工为发展社会主义市场经济和加快推进社会主义现代化建设建功立业。

（三）地域原则

地域原则是指以地域为单位组建地方产业工会、行业工会的原则。按照这一原则，同一地域的两个以上小型企业可以组成基层工会联合会或联合基层工会，同一地域的企业可以按产业、行业加入地方产业工会或区域性行业工会联合会，同一地域的同一产业、行业或性质相近的几个产业、行业，可以根据需要建立地方产业工会或区域性行业工会联合会。在产业工会建设中，坚持这一原则符合我国基层党组织和行政关系属地管理的要求，有利于工会接受党的领导，坚持产业工会工作的正确方向；有利于在地方总工会的领导下，及时解决工会工作中所遇到的问题；有利于工会与国家政权建设和行政区划相适应，在不同的层面同行政密切合作，参政议政，反映职工群众的意见，促进职工利益突出问题的解决；有利于发挥产业工会和地方总工会的两个积极性。

（四）联合制、代表制原则

联合制、代表制原则是指各级产业工会的领导机构由其所属基层工会或下级工会的代表联合组成，真正做到工会代表职工，上级代表下级，各级工会为基层、为职工服务的原则。按照这种原则产生的产业工会领导机构与召开各级工会会员代表大会选举产生的产业工会委员会，都是会员选举产生，具有相同的权利和义务。

联合制、代表制原则的基本内容是：（1）工会企事业基层组织由会员大会或会员代表大会选举本级工会的领导人；

(2) 企事业基层以上的各级工会是下一级组织的联合体，其领导机构主要应由下一级工会组织民主选举的主要领导人组成，是下级工会的领导机关和代表机关；(3) 参加上级工会领导机构的成员可以实行替补制；(4) 根据工作需要，工会的领导机构可以吸收有关方面的代表参加。

《中国工会章程》规定：“全国产业工会、各级地方产业工会、乡镇工会和城市街道工会的委员会，可以按照联合制、代表制原则，由下一级工会组织民主选举的主要负责人和适当比例的有关方面代表组成。”按照这一原则组织产业工会，有利于体现产业工会组织的民主性和领导机关的代表性；有利于理顺产业工会内部的组织领导关系；有利于在深化改革、产业结构调整、政府机构改革和职能转变过程中，推动产业工会的组织建设，更好地发挥产业工会的作用。

（五）职业原则

职业原则是指按照职工所从事的职业组织工会和实行联合的原则。职业是随着社会分工的出现和逐步稳定而构成人们赖以生存的不同的工作方式。不同的职业逐步形成各自比较稳定的道德观念、行为规范和习俗。按职业原则组织工会就是以相同或相类似职业作为组建工会的依据或条件，如木匠工会、医生工会等，以这一原则建立的工会称为职业工会。按照职业原则组织的工会，是将从事同一职业的熟练工人，不论在什么企业工作，都组织在同一个职业工会内。一个企业中的工人，由于他们的职业不同，可以分别组织到不同的职业工会中去。我国工人运动初期，考虑到斗争的需要，曾经出现过按照职业原则组织的行业工会，如搬运工会、三轮车工会等。

按照职业原则组建工会，必然形成一个企业中同时存在几个不同的工会组织，容易造成工会力量分散，削弱工人阶级和工会组织的战斗力，不利于维护工人阶级的整体利益。职业工会是工人运动初期的产物。随着世界经济的变化和现代化工业的发展，简单的分工和个体劳动方式已被科学分工和联合作业的工作方式所代替，职业原则组建工会已不能适用现代化大生产条件下工人运动发展的要求，许多国家特别是经济比较发达的国家，逐步发展为按照产业原则组织工会。中华人民共和国成立以后，已有条件统一按照产业原则组织工会，不再按职业原则组织工会。

二、产业工会的组织结构

工会组织结构是指各级工会组织的内部组织机构的设置和工会组织领导关系确定的总称。产业工会组织结构在产业与地方相结合组织领导原则的框架内，主要分为以下几种形式。

（一）产业工会的纵向结构

产业工会的纵向结构是指由全国产业工会，省、自治区、直辖市产业工会，省辖市产业工会，县（区）、乡镇、街道产业工会和基层工会构成的产业工会的组织系统。当然，这只是对产业工会纵向组织结构的完整表述，但就某一产业工会来说，并不一定完全形成从全国到县（区）、乡镇、街道产业工会和基层工会这样一套健全完善的组织系统。是否需要形成这样一套健全完善的组织系统，要根据各产业的具体情况来定。

（二）产业工会的横向结构

产业工会的横向结构是指在全国和地方的不同层面，按产业工会的组织原则建立的不同类型的产业工会。比如，目前全国设有中华全国铁路总工会、中国民航工会、中国金融工会、中国教科文卫体工会、中国海员建设工会、中国能源化学地质工会、中国机械冶金建材工会、中国国防邮电工会、中国财贸轻纺烟草工会、中国农林水利气象工会10个不同产业性质的全国产业工会。

省以下各级地方总工会，根据本地区经济结构和职工队伍构成情况及工作需要，设置若干产业工会。比如，河北省总工会根据本省经济结构调整和机构改革情况，建立了教科文卫工会、金融和服务业工会、装备制造和冶金工会、建设建材工会、能源化工工会、省直机关工会、电力工会、国防工业工会、交通运输工会、地质工会、监狱系统工会、气象工会12个省级产业工会。石家庄市总工会设有教科文卫工会、财贸工会、纺织工会、机械建材工会、化工医药工会、轻工金融工会、农林水电工会、建设工会、电子国防工会、交通工会、市直机关工会11个市级产业工会。

（三）产业工会的内部结构

由于各地经济结构和职工队伍构成情况不同，按照工会章程的规定，各级地方产业工会的设置由同级地方总工会根据本地区的实际情况确定。地方产业工会设置差异较大，产业工会的内部结构也不尽相同。有的产业工会召开工会代表大会，领导班子由工会代表大会民主选举产生；有的产业工会按照联合制、代表制原则组成产业工会领导机构；有的产业工会设置工作委员会，作为上一级工会的派出机构；有一些地方产业工会主席按照同级总工会副职级配备，多数地方产业工会主席按照同级总工会中层干部配备；有的产业工会设置常委会和工作机构；有的产业工会设在地方总工会，称为驻会产业工会，以所在地方总工会领导为主；有的产业工会设在政府有关部门，称为非驻会产业工会，以相关部门党组织领导为主；铁路、民航、金融、邮电等产业系统工会组织，由相关全国产业工会直接领导等。

三、产业工会的组织类型

（一）按国民经济、社会分工和产业性质分类

全国产业工会和地方产业工会由中华全国总工会和地方总工会根据实际情况设置。如中华全国总工会根据铁路、民航、金融、教科文卫体、海员建设、能源化学地质、机械冶金建材、国防邮电、财贸轻纺烟草、农林水利气象10个不同的国民经济、社会分工和产业性质分类设置全国产业工会。又如北京市总工会根据教育、工业（国防）、建筑、交通运输、服务、金融、政法卫生文化、市直机关8个不同的国民经济、社会分工和产业性质分类设置产业工会。

（二）按领导体制分类

1. 行政管理体制实行垂直管理的产业，实行产业工会和地方工会双重领导、以产业工会领导为主的领导体制。如中华全国铁路总工会、中国民航工会、中国金融工会。

2. 根据产业行政管理体制的不同情况，对有些产业系统工会及所属工会组织实行垂直领导，对有些产业系统工会及所属工会组织实行产业工会和地方工会双重领导、以地方工会领导为主的领导体制。如中国国防邮电工会对国家邮政集团和电信各集团工会及所属工会组织实行垂直领导，对国防、电子系统的工会实行产业工会和地方工会双重领导、以地方工会领导为主。

3. 对管理权限基本集中于地方的产业，实行以地方总工会领导为主，同时接受上级产业工会领导的领导体制。目前大部分产业工会实行这种领导体制。

（三）按产业工会的领导机构产生方式分类

1. 实行工会代表大会制度的产业工会。如中华全国铁路总

工会。

2. 按联合制、代表制原则建立的产业工会委员会。如中国民航工会、中国金融工会、中国教科文卫体工会、中国海员建设工会、中国能源化学地质工会、中国机械冶金建材工会、中国国防邮电工会、中国财贸轻纺烟草工会、中国农林水利气象工会。

3. 作为总工会派出机构的产业工会工作委员会。如一些省设置的省级产业工会工作委员会。

（四）按产业工会隶属关系和办公地点分类

1. 驻会产业工会。如中国教科文卫体工会、中国海员建设工会、中国能源化学地质工会、中国机械冶金建材工会、中国国防邮电工会、中国财贸轻纺烟草工会、中国农林水利气象工会设在中华全国总工会，为驻会产业工会。

2. 不驻会产业工会。如中华全国铁路总工会、中国民航工会、中国金融工会，以对应产业部委党组领导为主，办公地点也设在对应产业部委，为不驻会产业工会。

省以下地方产业工会也存在类似情况。

（五）按产业工会收缴和管理工会经费的权限分类

1. 独立管理工会经费的产业工会。如中华全国铁路总工会、中国民航工会、中国金融工会。

2. 不管理工会经费的产业工会。如中国教科文卫体工会、中国海员建设工会、中国能源化学地质工会、中国机械冶金建材工会、中国国防邮电工会、中国财贸轻纺烟草工会、中国农林水利气象工会。

省区市产业工会和省辖市及以下产业工会也存在类似情况。

第二节　产业工会的设置和职责任务

根据《中国工会章程》的规定，产业工会全国组织的设置，由中华全国总工会根据需要确定；各级地方产业工会组织的设置，由同级地方总工会根据本地区的实际情况确定。为了更好地发挥产业工会作用，2016 年 11 月，全国总工会印发了《关于深入推进产业工会工作创新发展的意见》，对产业工会的职责定位进行了明确。产业工会作为一级领导机关其职责任务基本相同，但不同层次的产业工会其职责任务又有所侧重和不同。

一、全国产业工会的组织设置和职责任务

全国产业工会是中华全国总工会领导下的本产业工会所属各级工会组织的全国领导机构，在研究解决涉及本产业发展和职工切身利益的行业性、全局性、政策性突出问题，落实工会重点工作，提高本产业工会工作整体水平，团结动员职工促进本产业的改革与发展等方面起着至关重要的作用。

（一）组织设置

《中国工会章程》第二十一条规定："产业工会全国组织的设置，由中华全国总工会根据需要确定。产业工会全国委员会的建立，经中华全国总工会批准，可以按照联合制、代表制原则组成，也可以由产业工会全国代表大会选举产生。全国委员会每届任期五年。任期届满，应当如期召开会议，进行换届选举。在特殊情况下，经中华全国总工会批准，可以提前或者延期举行。产业工会全国代表大会和按照联合制、代表制原则组成的产业工会全国委员会全体会议的职权是：审议和批准产业

工会全国委员会的工作报告；选举产业工会全国委员会或者产业工会全国委员会常务委员会。独立管理经费的产业工会，选举经费审查委员会，并向产业工会全国代表大会或者委员会全体会议报告工作。”

（二）职责任务

根据中华全国总工会的有关要求和全国产业工会的工作实践，全国产业工会的职责任务可概括为以下几个方面：一是调查研究和反映本产业改革发展重大问题和职工特殊利益问题，参与涉及本产业职工切身利益的法律法规和政策的制定，维护本产业职工合法权益。二是推动建立科学合理的产业（行业）劳动标准，开展行业工资集体协商，推动建立企业职工工资决定机制、正常增长机制和支付保障机制，构建和谐劳动关系。三是推动建立健全以职工代表大会为基本形式的企事业单位民主管理制度，推进厂务公开、业务公开，落实职工群众知情权、参与权、表达权、监督权，坚持和完善职工董事制度、职工监事制度。四是围绕产业经济发展，组织开展具有产业特点的示范性、引领性劳动和技能竞赛、安全生产等建功立业活动，积极推荐和评选本产业的先进典型和劳动模范。五是以社会主义核心价值观为引领，深入实施产业职工素质建设工程，建设知识型、技能型、创新型产业职工队伍，培养产业“大国工匠”，提高产业职工队伍素质。六是总结经验，推广典型，指导产业所属基层工会工作。七是认真完成全国总工会交办的工作任务。

（三）驻会产业工会全国委员会和常务委员会组成

2016 年 11 月，全国总工会组织部印发《驻会产业工会第四届全国委员会和常务委员会组成办法》，对各驻会产业工会全国委员会和常务委员会组成、委员产生办法及有关事项作出明确规定，为进一步增强各驻会产业工会全国委员会的广泛性、代表性，提高劳模和一线职工比例，更好发挥各驻会产业工会全国委员会、常务委员会的决策功能提供了组织保障和政策遵循，切实推动产业工会工作创新发展。

1. 全国委员会的组成。

按照《中华人民共和国工会法》《中国工会章程》的有关规定，各驻会产业工会全国委员会按照联合制、代表制原则组成。

全国委员会组成包括：各省（自治区、直辖市）和部分市（地、州、盟）产业工会主要负责人；本产（行）业有影响的企业、事业单位工会负责人；本产（行）业其他基层单位工会负责人；劳模和一线职工代表；国家有关部委［国家局、行业协会、集团（总）公司］联系工会和有关部门（司局）负责人；驻会全国产业工会机关有关负责人。

2. 全国委员会委员产生办法。

（1）名额及分配办法。

根据各驻会全国产业工会实际情况，全国委员会委员人数不超过200名，其中劳模和一线职工代表占委员人数的9%以上。各驻会产业工会全国委员会常务委员会提出委员名额分配办法。委员名额分配应根据工作需要，充分考虑不同产（行）业工会领导方式的不同，不同产（行）业职工数量、职工地区分布情况，全国委员会工作的稳定性和委员单位的连续性等因素，注意地区、行业平衡，做到合理分配。

（2）提名推荐程序。

省（自治区、直辖市）产业工会的全国委员会委员建议人选，由省（自治区、直辖市）产业工会提名推荐，所在单位党委（党组）、纪检组织同意后，履行民主程序，经省（自治区、直辖市）总工会同意后上报驻会全国产业工会。

本（产）行业有影响的企业、事业单位工会的全国委员会委员建议人选，由企业、事业单位工会提名推荐；本产（行）业其他基层单位工会的全国委员会委员建议人选，由基层单位工会提名推荐；劳模和一线职工代表全国委员会委员建议人选，由省或市级产业工会提名推荐。以上委员建议人选经本单位党组织、纪检组织同意，履行民主程序，报省（自治区、直辖市）产业工会提出意见，经省（自治区、直辖市）总工会同意后上报驻会全国产业工会。

以全国产业工会领导为主的单位的全国委员会委员建议人选，由单位工会提名推荐，经单位党组织、纪检组织同意，履行民主程序后上报驻会全国产业工会。

国家有关部委［国家局、行业协会、集团（总）公司］的全国委员会委员建议人选，由驻会全国产业工会分党组与委员所在单位党委（党组）协商提名，并征求纪检组织意见。

驻会全国产业工会机关的全国委员会委员建议人选，由驻会全国产业工会分党组提名，并按照干部管理权限征求纪检组织意见。

（3）审批程序。

全国委员会委员建议人选名单由驻会全国产业工会分党组提名，经全总分管领导同意，报全总党组审批。在驻会产业工会全国委员会预备会议上确认。

3. 全国委员会常务委员会的组成。

驻会产业工会全国委员会常务委员会的组成，要充分考虑产（行）业的覆盖面，按行业和地区合理分布，具有广泛性和代表性；要在产（行）业工会工作中发挥领导作用，有利于全国委员会科学决策和提高本产业工会工作整体水平；要保留部分上届常务委员会人选，有利于常务委员会工作的连续性。

全国委员会常务委员会组成包括：驻会全国产业工会领导班子成员；本产（行）业全总执委；劳模和一线职工代表；部

分省（自治区、直辖市）和市（地、州、盟）产业工会主要负责人；本产（行）业有影响的企业、事业单位工会负责人；国家有关部委［国家局、行业协会、集团（总）公司］联系工会和有关部门（司局）负责人。

4. 全国委员会主席、副主席、常务委员会委员产生办法。

常务委员会成员人数不超过50名，其中劳模和一线职工代表占常务委员会成员人数的9%以上。常务委员会委员候选人建议人选名单由驻会全国产业工会分党组提名，征求推荐单位党组织、纪检组织意见，经全总分管领导同意，报全总党组审批。全国委员会主席、副主席（含兼职）候选人由全总党组提名（兼职副主席候选人由驻会全国产业工会分党组提出建议人选名单），由全总组织部征求中央纪委驻中华全国总工会机关纪检组意见。新提名兼职副主席候选人按《全国总工会机关接收使用兼职干部办法（试行）》规定程序产生。

主席、副主席（含兼职）、常务委员会委员由驻会产业工会全国委员会全体会议等额选举产生，选举结果报全国总工会审批。

二、省级产业工会的组织设置和职责任务

省级产业工会是指省、自治区、直辖市产业工会。省级产业工会是省、自治区、直辖市总工会和全国产业工会领导下的省内产业各级工会组织的领导机构，是全国产业工会与城市、县（区）产业工会和基层工会密切联系，开展工作的重要结合点，在全国产业工会和地方总工会的工作中发挥着重要作用。

（一）组织设置

省级产业工会的设置，由同级地方总工会根据本地区的产业经济发展和产业职工队伍变化实际情况，可以建立驻会产业工会，也可以依托行政主管部门或骨干企业集团等设立产业工

会。铁路、民航、金融实行垂直领导的产业工会地方组织的设置，由相关全国产业工会提出意见，报全国总工会批准。

省级总工会应结合省级工会改革，逐步规范理顺省级产业工会组织。省级产业工会的设置，应适当考虑与相关全国产业工会相衔接，建立和畅通全国产业工会与省级产业工会的工作联系渠道。省级产业工会领导范围能够与全国产业工会相对应的，在接受省级总工会领导的同时接受相关全国产业工会的领导；难以与全国产业工会相对应的，应确定相关产业工会或省级总工会有关部门负责联系，以保证全国产业工会上下工作渠道畅通。原来设在政府有关部门的产业工会，政府机构改革后政府部门继续保留的，其产业工会组织体制可保持不变；政府部门改组为企业集团公司、控股公司的，其产业工会可以相应改组为企业集团公司工会或控股公司工会，根据工作需要，可以继续履行产业工会职能，或重新组建产业工会；政府部门撤销的，可在地方总工会内部设立相应的产业工会或组建性质相近的产业工会。

省级产业工会委员会的组建，可参照产业工会全国委员会的建立办法，经同级地方总工会批准，可以按照联合制、代表制原则组成，也可以由省级产业工会代表大会选举产生。省级产业工会经批准可以设立常委会。

（二）职责任务

根据中华全国总工会的有关要求和省级产业工会的工作实践，对省级产业工会的职责任务可概括为以下几个方面：一是调查研究和反映本产业职工特殊利益问题，积极参与涉及本地区本产业职工切身利益重大问题的地方法规和政策的制定，从源头上维护本地区本产业职工的合法权益。二是协同有关部门重点抓好产业职工的职业道德、职业纪律、职业技能教育和培训，动员职工开展具有产业特色的职工经济技术创新活动。三是在省、自治区、直辖市总工会领导下，加强对下级产业工会工作指导，积极推动省辖市和县（区）的产业工会组织建设。四是根据省、自治区、直辖市总工会的要求，领导省国资委管理的国有企业工会，抓好典型，总结经验，加强对基层工会工作的分类指导和服务。五是认真完成全国产业工会和省、自治区、直辖市总工会交办的工作任务。

三、城市产业工会的组织设置和职责任务

城市产业工会就是通常讲的地级城市产业工会。城市产业工会同全国产业工会、省级产业工会相比，有其自身的特点。城市产业工会直接领导基层企事业基层工会，处于市总工会、上级产业工会和基层工会的中间环节，既是市总工会和上级产业工会领导下的一级地方产业工会组织，又是基层工会和县（区）产业工会的领导机构，其工作的范围和影响力具有辐射性，在领导基层工会工作，维护职工合法权益，落实工会重点工作，促进经济和社会发展，维护改革发展稳定大局等方面，具有特殊的地位和作用。城市产业工会工作水平高低，作用发挥的如何，直接反映着地方工会工作的整体水平。

（一）组织设置

城市产业工会组织设置总的要求是：要适应工业化、信息化、城镇化、市场化、国际化的深入发展和政府行政管理体制改革、产业结构调整的要求，在支柱产业和职工集中的行业建立健全产业工会组织；要适应市场经济条件下非公有制经济的发展，工会工作领域和工作对象的变化，建立覆盖本产业所在地区不同所有制企业工会的产业工会组织体系；可以在行业协会组织健全、发育成熟的行业，已经形成以骨干企业为龙头的上下游产业链、企业联系紧密的行业，政府行政约束力强、管理规范的行业开展建立市级行业工会联合会试点工作，已经建

立的要注重加强规范性建设。

1. 及时调整充实原设在产业局、公司的产业工会。

对原设在政府产业局、公司的产业工会，应根据政府机构改革的不同情况，及时进行调整和充实：对那些产业已经萎缩的产业工会进行归并；对那些政府机构改革后产业性质仍然明显、职工相对集中的产业工会予以保留；对改组为企业集团或资产控股公司的，在同步建立健全工会组织的同时，可根据本市经济发展和工作需要，赋予其产业工会的职能，或以其为依托组建新的产业工会。

2. 建立和完善市一级产业工会组织。

根据社会主义市场经济发展的需要，紧密结合本市经济和社会发展、产业结构优化升级、协调劳动关系和工会工作的实际需要，紧密结合各产业的实际情况，加强领导，统筹考虑，采取多种形式，建立和完善市一级产业工会组织。如有的产业工会可设在市总工会；有的产业工会可设在资产控股公司和大型企业集团，赋予其产业工会的职能；有的产业工会可与行业协会相对应，将若干个性质相近的行业工会联合在一起，按联合制、代表制的原则组建为行业工会联合会。

3. 积极探索和建立覆盖全产业的市级产业工会组织体系。

城市产业工会的发展方向，是能够全面覆盖全市本行业的基层工会组织，做到既能够负责管理其直属的基层工会组织，又能够承担起对全市区、县所属本产业企业工会和行业工会进行指导服务的任务。为此，可根据促进产业发展和维护职工利益的需要，对支柱产业，企业多、职工人数多的产业，实行条块联动，在市属区、县，积极探索建立区域性行业工会，并在组织隶属关系、上缴经费渠道、工作对象、会籍管理不变的情况下，实行市级产业工会与区域性行业工会的衔接，从而推进建立覆盖全行业的市级产业工会组织体系，发挥工会组织的整体功能。

（二）职责任务

根据城市产业工会的特殊地位及其工作实践，对城市产业工会的职责任务可概括为以下几个方面：一是调查研究和反映本产业职工特殊利益问题，积极参与涉及本产业职工切身利益重大问题的地方法规和政策的制定，从源头上维护本产业职工的合法权益。二是组织指导企业工会重点抓好职工的职业道德、职业纪律、职业技能教育和培训，开展具有产业特色的职工经济技术创新活动。三是组织指导企业建立健全职工民主管理制度，推进厂务公开，开展工资平等协商和签订集体合同。四是与有关部门做好劳动模范和先进人物的评选表彰、事迹宣传和日常管理。五是负责所属基层工会组织日常工作的联系与指导，抓好典型，总结经验，做好对基层工会工作的分类指导和服务。六是参与有关群体事件的调查处理以及日常的职工信访接待工作。七是认真完成市总工会和上级产业工会交办的工作任务。

四、县（区）以下产业工会的组织设置和职责任务

县（区）以下产业工会是指县（区）、乡镇（街道）职工按照行业联合组织起来的工会组织。随着我国工业化、信息化、城镇化、市场化、国际化的深入发展，特别是经济结构调整，国有经济改革重组，县域经济得到了快速发展，在我国的社会主义现代化进程中占有越来越重要的地位。目前，县域经济和行政管理体制的改革发展，使长期以来适应计划经济形成的县（区）工会组织管理模式和运行机制、工作方式遇到挑战，很难对各种行业、各种类型的企业工会实行有效的领导。同时，随着非公有制经济和产业集群、特色经济的发展，也使县乡经济呈现出行业集聚的特点。大量的、分散的、小型的非公有制企业工会的组织建设和工作的开展，急需上级工会进行有效的

分类指导。

（一）组织设置

县（区）以下产业工会的设置，由县（区）总工会根据本县（区）的实际情况确定。县（区）以下产业工会的设置应该把握的原则和方向是：按照“扩大覆盖面、增强凝聚力”的要求和“组织起来、切实维权”的工作方针，与社会主义市场经济体制相适应，与不断加快的工业化、城镇化进程相协调，积极探索完善县（区）以下区域与行业相结合的产业工会组织体系，为工会充分履行基本职责和各项社会职能提供组织保证。

要根据县级政府部门设置和行政管理职能的情况，对现有的产业工会，进行调整和完善。在市场经济发展过程中，县域内原有的国有企业和集体企业基本都已改制重组，非公企业成为县域经济构成的主要组成部分。加强县级产业工会建设，首先要积极争取政府有关部门的支持，把教育、文化、卫生、医疗、体育、农林水利、交通运输等系统的企事业单位，按照产业分类，健全县级产业工会。对那些在县（区）、乡镇（街道）经济发展中具有举足轻重地位的支柱产业或职工队伍集中的行业，可从实际出发，按照地域相近、行业相同、管理服务便捷的原则，采取联合制、代表制的方式，依托工会工作基础比较好的单位，建立县级产业工会，接受县（区）总工会的领导和上级相对应产业工会的领导。

（二）职责任务

县（区）以下产业工会的职责任务总的要求是：要与县（区）总工会的工作紧密结合，按照县（区）总工会确定的重点工作，调查和反映所属基层工会和职工的利益诉求，协调解决职工普遍关心的实际问题，负责所属基层工会工作的联系与指导，开展具有产业特色的重要活动。一是调查和反映本产业工人特殊利益问题，积极向有关方面提出意见和建议。二是组织指导企业建立健全职工民主管理制度，推进厂务公开，开展工资平等协商和签订集体合同。三是组织指导企业工会抓好职工的职业道德、职业纪律、职业技能教育和培训，开展具有产业特色的职工经济技术创新活动。四是负责所属基层工会组织日常工作的联系与指导，培训工会干部，抓好典型，总结经验，对基层工会进行分类指导和服务。五是组织开展具有产业特色的重大活动，扩大产业工会的社会影响。六是认真完成县（区）总工会和上级产业工会交办的工作任务。

第三节　行业工会联合会

行业工会联合会，是指按照产业分工和行业性质，由同一行业或性质相近行业的企事业单位工会，在一定的地域内按照联合制、代表制的原则组织起来的一级工会组织。积极推进行业工会联合会建设，是创新产业工会组织体制，进一步加强和改进产业工会工作的迫切需要。

一、行业工会联合会的产生及意义

行业工会联合会是1987年首先由江苏省常州市和山东省潍坊市总工会，从适应城市经济体制改革和政府管理职能转换的要求，对原有的产业工会进行改革，对应政府行业办公室，采取联合制、代表制的原则，建立行业工会联合会的改革尝试产生的。1987年，常州市在城市经济体制改革试点过程中，对工业系统13个行业性工业管理局的机构和职能进行了调整合并，重新组建了8个行业管理办公室。常州市总工会适应行业性工业管理局的机构职能的变化，把原来依附于工业管理局的产业工会也重新组合，对应市行业管理办公室重新组建了纺织、机械冶金、电子、轻工、化工、医药、塑料、建材 8 个行业工会联合会。

这些行业工会联合会的主要特点：一是工会联合会的组建与政府行业管理机构设置相对应，办公地点设在政府行业办公室，便于了解和掌握行业情况，开展工作和参与涉及行业职工利益的重要问题研究。二是工会联合会按照联合制、代表制的原则建立，真正实现了上级代表下级，基层工会代表职工，工会为职工服务的组织体制，推进了工会组织的群众化和民主化。三是工会联合会自下而上民主协商推选行业工会联合会领导人，主席一般由行业内规模较大，能力较强，具有影响力的企业工会主席担任。四是工会联合会设立办公室，配备秘书长负责日常事务，联合会重大活动和重要事项，在充分听取委员意见的基础上，召开主席会议按照民主集中制的原则决定。按照联合制、代表制的原则建立工会联合会，是适应经济体制改革的要求，推进工会组织群众化和民主化建设的重要举措，是工会组织制度的创新。这项改革得到了中华全国总工会的充分肯定，一些地方工会也相继进行了试点，行业工会联合会这种组织形式得到了不断发展。

近年来，各地工会为适应政府机构改革、产业结构调整、国有企业的转制重组、非公有制经济迅速发展、工人阶级队伍日益壮大、工会工作领域和对象发生深刻变化的需要，转变依托行政隶属关系建立产业工会组织体系的传统观念，打破所有制界限，与行业协会相对应，积极推进行业工会联合会的建设，使行业工会联合会在建立覆盖全行业不同所有制职工的产业工会组织体系，构建与行业协会合作共事并开展集体协商工资谈判的工作新格局，协调解决具有产业特点的劳动关系突出问题等方面发挥了积极作用。如贵州省总工会推行“一县一特”区域（行业）行业工会联合会建设模式，全省88个县（区、市）工会全部根据各自产业和行业特点开展了区域（行业）工会联合会建设，共成立建筑建材、交通运输、文化旅游、医药卫生、商贸物流、家政服务、民族工艺以及白酒、茶叶、煤炭、餐饮、快递等各具特色的行业工会联合会近300个。按照“建起来、转起来、活起来”的要求，普遍落实“五个一”（即每年召开一次会员代表大会、召开一次职工代表大会、与企业行政开展一次工资集体协商、开展一次劳动技能竞赛活动、开展一项职工群众喜闻乐见的文化体育活动）的工作要求，进一步扩大了工会组织的有效覆盖面，有效破解了中小企业工会开展活动难、依法维权难等问题。

二、建立行业工会联合会的原则和要求

建立行业工会联合会是适应社会主义市场经济条件下工会工作需要，探索中国特色社会主义产业工会工作规律的重要内容，是工会组织制度和组织体制的重要改革，必须充分认识产业工会改革和建设的长期性、复杂性，把握好建立行业工会联合会的原则和要求：一是建立行业工会联合会的重点是在县（区）及以下区域。在健全和完善乡镇（街道）工会、社区（村）工会、企业工会的同时，建立县（区）、乡镇（街道）或工业园区行业工会联合会。城市总工会可以根据本地实际和工作需要，研究探索，进行试点。二是在县（区）、乡镇（街道）或工业园区建立行业工会联合会，应当根据产业工会工作需要，针对基层单位经营规模和职工队伍特点，从实际出发，因地制宜、循序渐进、积极稳妥地推进。三是坚持以县（区）、乡镇（街道）或工业园区内企业工会等基层工会和联合基层工会为基本成员单位，组成行业工会联合会。行业工会联合会接受本产业工会的工作指导。四是行业工会联合会覆盖的企事业单位

工会组织领导关系、经费收缴渠道保持不变。地方工会要加强对行业工会联合会的领导，给予人力、物力、财力等支持保障。

三、行业工会联合会的组织形式

（一）在城市产业工会中按联合制、代表制原则建立行业工会联合会

如南京市2003年按联合制、代表制原则组建了南京市财贸工会联合会。在此基础上，根据工作需要又在南京市财贸工会联合会组织体系内按联合制、代表制原则，依托骨干企业建立了不分所有制性质的南京市饮食服务行业工会、南京市商业贸易行业工会、南京市粮食行业工会、南京市供销行业工会。

（二）与政府机构改革后行业管理机构相对应，设置行业工会联合会

如上海市总工会2005年根据轻工（控股）集团公司国有资产管理方式的改变，相对应政府有关工业管理工作委员会，建立了上海市轻工业工会联合会。

（三）健全和完善县（区）及以下行业工会联合会

针对在县（区）地域内企业规模小、职工人数少且流动频繁的实际，可从实际出发，在产业经济发展较好、产业职工较多的地方，按照地域相近、行业相同、管理服务便捷的原则，采取联合制、代表制方式，积极推进建立县（区）、乡镇（街道）或工业园区等行业工会联合会，接长产业工会手臂、延伸工作触角，覆盖不同所有制企事业单位和相关社会组织。如杭州市临安区青山湖街道根据辖区内物流货运企业多的行业特点和货运物流行业职工流动频繁的特殊情况，组建了物流货运行业工会联合会，推进物流货运企业普遍建立工会组织，最大限度地把货运司机吸引到工会组织中来。

四、行业工会联合会的职责任务

行业工会联合会主要在县（区）以下，按照地域建立的工会组织，工作对象主要是小型、分散、职工流动性大的非公有制企业职工。行业工会联合会的职责任务，重点是组织和指导基层工会落实上级工会的工作部署和要求。具体有以下几个方面：

一是按照市、县地方总工会和上级产业工会的要求，推动和指导本行业内的用人单位及时组建工会，加强对基层工会日常工作的指导，把职工最大限度地吸收到工会组织中来，组织职工开展具有行业特色的活动。二是负责推动建立行业职代会制度，通过职工代表倾听和收集职工的意见和要求，代表职工参与行业劳动标准的制定，促进企业劳动关系的和谐稳定。三是建立行业性劳资双方协商、对话机制，与行业协会（企业家协会）就行业职工工资、保险福利、劳动条件等劳动标准进行协商，签订行业工资协议和集体合同，维护职工劳动经济权益，保持职工队伍稳定，促进行业发展。四是根据行业特点，组织职工开展劳动竞赛、合理化建议、技术革新、技术协作和发明创造等活动。五是调查研究本行业职工安全生产和职业危害情况，提出意见和建议，加强对职工的劳动保护。六是履行有关法律和章程规定的工作任务、完成上级工会部署的各项工作。

五、积极构建行业工会联合会与行业协会（雇主组织）的平等协商机制

随着各类行业协会的不断扩大和雇主组织属性的不断归位，集体谈判已从以企业为主提升到以产业为主。把行业协会作为合作和协商的伙伴，积极构建行业工会联合会与行业协会（雇主组织）的平等协商机制，是工会必然的选择。行业工会联合

会在这方面可以发挥积极的重要作用，特别是在非公有制小企业集中的区域，行业工会联合会的作用会更加明显。行业协会在研究行业经济宏观形势、协调企业关系、服务行业发展等方面，具有独特的不可替代的优势，也是行业工资集体协商不可或缺的主体。行业工会联合会要与行业协会（雇主组织）加强联系与合作，共同加强对行业发展状况、企业生产经营状况、职工生产生活状况的调查研究，为制定行业工资指导线、劳动力市场工资指导价位、劳动定额标准等提供必要的信息基础。共同就确定行业劳动条件、工时定额、工资标准和职业安全卫生标准等进行协商。

为适应工会开展工资集体协商工作的要求，各地积极探索和推行行业工会联合会与行业协会（雇主组织）的平等协商机制，开展了行业工资集体协商，收到了良好效果。比如，武汉建筑行业工会联合会和武汉市建筑业协会共同签署了武汉地区建筑行业集体合同，“包括农民工在内的建筑行业用工，必须签订合法的劳动合同和确保每月足额以货币形式支付工资”成为合同中的重要条款，除工资事项外，合同还对职工应享有的各项福利待遇、劳动保障等做了规定。通过与对应的行业协会协商谈判签订集体合同，使职工的切身利益得到了保障，进一步激发了生产积极性，企业主也摆脱了劳资纠纷的困扰，能更好地抓好生产经营，从而促进了劳动关系的和谐稳定，真正实现了劳资双赢。

思考题：

1. 我国产业工会的组织原则有哪些？其主要内容是什么？
2. 产业工会的职责主要有哪些？
3. 组建行业工会联合会的原则和要求是什么？

第四章　推进新时代产业工会工作创新发展

第一节　推进新时代产业工会工作创新发展的重要意义

当前，我国正处于全面建成小康社会决胜阶段、中国特色社会主义进入新时代的关键时期，这为做好产业工会工作既提供了更为广阔的舞台，又提出了新的更高要求。产业工会必须紧紧把握经济社会发展的新要求、产业劳动关系的新变化和产业职工群众的新诉求，努力开创新形势下产业工会工作新局面。

一、深入学习贯彻习近平新时代中国特色社会主义思想，切实履行引导产业职工听党话、跟党走的政治责任的必然要求

习近平新时代中国特色社会主义思想，开辟了马克思主义中国化的新境界，是新时代中国特色社会主义的政治宣言和行动纲领，也是统领工会全部工作的行动指南。深入学习贯彻习近平新时代中国特色社会主义思想，对于凝聚全党全国各族人民的思想共识和智慧力量，决胜全面建成小康社会，夺取新时代中国特色社会主义伟大胜利，实现中华民族伟大复兴的中国梦，具有重大的现实意义和深远的历史意义。产业工人是工

人阶级中发挥支撑作用的主体力量，是创造社会财富的中坚力量，是创新驱动发展的骨干力量，是实施制造强国战略的有生力量。现有的各级产业工会基本上覆盖了我国职工的主体，数以亿计的产业职工大军，是工人阶级队伍中直接创造社会财富的中坚力量，是主力中的主力、基础中的基础，特别是关系国家经济命脉的支柱产业和国家重要骨干企业的产业职工的作用和影响更为突出，他们是最有组织性、纪律性的中坚力量，是我们党最坚实、最可靠的执政基础。作为党实现伟大梦想的主体力量，产业工人在学习宣传贯彻习近平新时代中国特色社会主义思想和党的十九大精神上走在前列，是维护核心、听党话跟党走最实际的体现，是凝聚焕发主力军磅礴力量的时代要求。以习近平新时代中国特色社会主义思想为指引，推进产业工会工作创新发展，对于工会组织自觉接受党的领导，在密切党同职工群众的联系中积极发挥工会作用，更有效地把职工群众团结起来、组织起来、动员起来，焕发工人阶级主人翁精神，巩固党执政的阶级基础和群众基础，是迈进新时代的现实需要。

二、围绕中心、服务大局，促进产业经济持续健康发展的应有之义

习近平总书记指出，供给侧结构性改革，重点是解放和发展社会生产力，用改革的办法推进结构调整；强调要从生产端入手，促进产能过剩有效化解，促进产业优化重组，发展战略性新兴产业和现代服务业，构建现代产业发展新体系。“十三五”规划纲要中提出的节能环保、生物技术、信息技术、高端装备、新能源等具备一定规模的新兴产业以及门类众多的现代服务业都在快速发展，如金融业从业人员约 600 万人，快递业从业人员 200 多万人，家庭服务业从业人员超过 2000 万人。适应经济发展新常态，贯彻落实新发展理念，实施《中国制造

2025》，从制造大国向制造强国跨越，推进我国社会生产力水平实现整体跃升，对造就一流技能人才队伍、提高产业工人整体素质提出了新的要求。同时，国家对产业的调控方式更多地转变为政策指导和市场引导，非公有制经济成分比重不断提高，产业和企业组织形式、资产结构更趋复杂，产业差异性逐步扩大，产业内的不同行业划分日益细化，对产业工会健全组织体系、完善工作机制、开展体现行业特色工作提出了更高要求。在产业政策不断调整、产业结构优化升级、产业经济走势分化的新形势下，只有推进产业工会工作创新发展，充分发挥产业工会独特优势，才能推动产业工人队伍建设、提高产业工人队伍素质、促进产业经济持续健康发展。

三、适应全面深化改革要求，深入推进工会改革的客观需要

全面深化改革是“四个全面”战略布局中具有突破性和先导性的关键环节。党的十八大特别是党的十八届三中全会以来，各项改革举措全面铺开。《中共中央关于加强和改进党的群团工作的意见》指出，近年来，党的群团工作在继承创新中不断加强，但与新形势、新任务的要求相比仍存在许多不适应的问题。全面深化改革是全方位、各领域、深层次的改革，特别是政府职能转变、行业协会商会与行政机关脱钩，深化国有企业改革、加快企业结构和资产重组，创新社会治理、加强对社会组织引领服务等，给产业工会转变工作思路、拓展工作领域提出了新的课题。产业工会是我国工会的重要组成部分，在产业与地方相结合的工会组织体系中，产业工会和地方工会两个“轮子”同等重要，相辅相成、缺一不可。但从产业工会现状来看，仍然不同程度存在着组织设置不够合理、覆盖不够全面、职责定位不够清晰、工作渠道不够顺畅等问题，迫切需要加以研究解

决。从2015年开始，全国总工会落实党中央关于在全总开展中央群团机关改革试点工作的要求，按照增强“三性”、去除“四化”、做强基层、着力创新的总体思路，深入扎实推进全总机关改革，各地工会及时跟进、主动对接，取得了明显成效。中央领导同志给予了充分肯定，社会各界反应良好，释放了正能量。《全国总工会改革试点方案》强调要强化产业工会职责作用，明确提出提高产业工会全委会委员、常委会成员中劳模和一线职工比例以及增设兼职副主席等具体改革措施。适应全面深化改革形势，着眼工会改革客观需要，以更大的力度、更实的举措，推进产业工会工作创新发展，就能使产业工会这个“轮子”更好地转起来、产业工会组织活起来、产业工会工作实起来，从而使工会整体工作水平得到提升。

四、深入推进产业工人队伍建设改革，切实维护产业职工利益，构建产业和谐劳动关系的现实要求

2017年4月，中共中央、国务院印发《新时期产业工人队伍建设改革方案》，党和国家首次对推进产业工人队伍建设改革作出重要部署。《新时期产业工人队伍建设改革方案》强调，要按照政治上保证、制度上落实、素质上提高、权益上维护的总体思路，改革不适应产业工人队伍建设要求的体制机制。当前，我国经济发展新常态特征更加明显，产业经济结构深刻调整，传统产业在改造中提升，新技术、新产业、新业态蓬勃发展，为产业发展带来巨大活力。同时，产业工人队伍规模迅速壮大，内部结构更加复杂多样，同一产业内职工的行业分布、劳动形态、生产方式、劳动标准等，由相对单一变得多样；产业工人队伍中有大量的农民工、劳务派遣工，也有高学历、高层次、高技能职工，不同行业、不同群体的职工在利益诉求上既有相似性，又有特殊性，还有新特点，增加了做好产业职工

工作的难度。劳动关系的产业化特征更趋明显，在一些劳动密集型和服务型行业，一线普通职工劳动强度大，工资增长缓慢，社会保险费缴纳不到位，安全生产条件比较差，职工权益难以保障；劳动定额、工资标准、劳动保护等方面产业化、行业化趋势更加明显，一些地方的劳动争议出现行业性苗头。在一些新兴产业中，产业工会的工作覆盖面不足、触角不灵敏。这些都迫切需要扩大服务对象、拓展服务领域、丰富服务内容、创新服务手段，为职工构建多层面、多渠道的维权和服务体系，从产业层面加强协调劳动关系，有针对性地维护好产业职工合法权益。

面对新形势、新任务，产业工会工作只能加强、不能削弱，只能改进提高、不能停滞不前。各级工会一定要站在党和国家工作大局的高度，站在巩固党的执政基础的高度，站在促进我国经济社会持续健康发展的高度，认真学习贯彻习近平总书记系列重要讲话精神特别是关于产业工人队伍建设的重要论述，深刻认识推进产业工人队伍建设改革的重要性、必要性和紧迫性，把思想和行动统一到党中央的决策部署上来，充分认识推进产业工会工作创新发展的重要意义，增强思想自觉，强化责任担当，积极探索实践，努力把产业工会的特点和优势发挥出来，更好地发挥产业工会的独特作用。

第二节　推进新时代产业工会工作创新发展的主要原则和目标任务

当前，以习近平新时代中国特色社会主义思想为指引，谋划推进新时代产业工会工作，是各级工会组织必须研究的重大课题。要坚持以习近平新时代中国特色社会主义思想和党的十九大精神为统领，武装头脑、指导实践、推动工作，推动新时代工会工作创新发展。

一、总体要求

全面贯彻习近平新时代中国特色社会主义思想和党的十九大精神，特别是习近平总书记关于工人阶级和工会工作的重要论述，着眼统筹推进“五位一体”总体布局、协调推进“四个全面”战略布局，贯彻落实中央党的群团工作会议、全国国有企业党的建设工作会议精神，牢牢把握我国工人运动的时代主题，坚定不移走中国特色社会主义工会发展道路，立足产业工会工作实际，健全组织、完善体制，明确职责、突出重点，深入扎实推进工会改革创新，不断增强政治性、先进性、群众性，充分发挥产业工会重要作用，团结引导广大产业职工为实现“两个一百年”奋斗目标、实现中华民族伟大复兴的中国梦作出新贡献。

二、主要原则

一是坚持党的领导，牢牢把握正确政治方向，围绕中心、服务大局，遵循产业和地方相结合的工会组织领导原则，充分发挥产业工会在服务党和国家工作大局中的积极作用。二是坚持依法依章，严格按照《中华人民共和国工会法》和《中国工会章程》，设置调整产业工会组织，处理协调产业工会组织领导关系，依法依章履行职责。三是坚持立足实际，做到产业工会组织设置与产业结构调整、产业职工队伍变化和行政管理体制改革相适应，突出产业特色和产业工会特点，创造性开展工作。四是坚持问题导向，勇于探索实践，破解发展难题，研究新情况、解决新问题，切实增强产业工会的吸引力、凝聚力、战斗力。

三、目标任务

当前产业工会的主要任务是：增强“四个意识”，树立“四个自信”，坚定不移地维护以习近平同志为核心的党中央权威和集中统一领导，始终在思想上政治上行动上同以习近平同志为核心的党中央保持高度一致；牢固树立马克思主义在工会思想意识形态领域的指导地位，坚持把习近平新时代中国特色社会主义思想作为加强产业工会工作的根本指导思想和强大理论武器，坚定不移走中国特色社会主义工会发展道路；在广大职工中开展形势教育，引导广大职工清醒认识我国所处的新的历史方位，积极培育和践行社会主义核心价值观，深化“中国梦·劳动美”主题宣传教育，为产业工人在新时代建功立业提供思想保证；积极参与供给侧结构性改革，紧密结合经济社会深刻变革和产业改革发展不断推进的实际，广泛开展“当好主人翁、建功新时代”主题劳动和技能竞赛，团结动员广大产业职工展现新作为、作出新贡献；贯彻落实《新时期产业工人队伍建设改革方案》，加强产业职工技能培训，做实叫响“大国工匠”品牌，发挥产业劳模和先进人物的示范带动作用，努力培养造就技能型、创新型产业工人队伍；加强产业和谐劳动关系建设，以职代会为基本制度，依法维护产业职工权益，以劳动就业、收入分配、社会保障和劳动安全卫生为重点，健全完善维权机制，不断增强维权实效；在化解过剩产能过程中，突出一线产业职工、农民工、困难职工，把产业工会维权工作重心更多地放在保就业、保收入、保安全上；提高服务产业职工的精准化水平，推进“互联网 +”服务职工体系建设，面向广大产业职工开展普惠性服务，使他们在共建共享中有更多获得感等。

通过深入推进产业工会工作创新发展，各级产业工会做到坚持突出重点、聚焦主业，彰显特点、发挥优势，破解难点、推进创新，实现职责定位清晰明确，组织关系协调顺畅，组织体系健全，制度机制完善，工作方式方法不断改进，组织和工作覆盖面逐步扩大，自身活力进一步激发，服务产业发展、服务产业职工的能力和实效显著提高，产业工会工作和产业工会组织政治性、先进性、群众性明显增强，切实承担起带领广大产业职工听党话、跟党走的政治责任。

第三节　健全产业工会工作组织体系

一、科学合理设置产业工会

产业工会组织应本着有利于加强党对工会工作的领导，有利于推动产业改革发展，有利于维护产业职工合法权益、服务产业职工的原则，着眼有效扩大工作覆盖面，从实际出发，根据不同区域的经济特征、产业结构调整变化、产业经济和职工集聚程度，灵活合理地设置产业工会，健全产业工会组织体系。对本地区经济结构中的主导产业、形成集群化发展的产业、职工队伍比较集中的产业建立健全产业工会；在节能环保、生物技术、信息技术、智能制造、高端装备、新能源等具备一定规模的新兴产业和现代服务业中，加大产业工会组建力度；对一时建立不起来的，建立有效的工作联系渠道，形成自上而下、工作贯通、覆盖不同所有制企事业单位和相关社会组织的产业工会组织体系。条件成熟的产业工会工作委员会应逐步过渡为产业工会委员会。在工会改革中，要科学设置、调整规范产业工会，不得随意撤销产业工会组织。

二、理顺产业工会组织领导关系

理顺产业工会与地方工会的关系。各产业工会的领导体制，由全国总工会确定。铁路、民航、金融行政管理体制实行垂直管理的产业，其产业工会实行产业工会和地方工会双重领导，以产业工会领导为主。其他产业工会均实行以地方工会领导为主，同时接受上级产业工会领导的体制，与上一级相关产业工会不易对应的，由性质相近的产业工会或由同级地方总工会明确一个职能部门负责联系和协调工作。属于工会统一要求和地区性问题，主要由地方工会负责，产业工会支持配合；属于产业特色的工作和特殊性问题，产业工会有条件、有优势做的，主要由产业工会来做，地方工会给予支持，避免职责交叉、工作重复。实行垂直领导的产业工会要加强与地方工会的联系与沟通，所属基层工会应当主动向所在地方工会报告工作，接受工作指导。产业工会在开展特色工作时，同级工会职能部门要提供具体指导、支持和服务。

理顺产业工会与中央企业、企业集团及其所属企业工会的关系。在京的中央企业工会，按照行业分类，原则上由相应的全国产业工会领导。京外的中央企业工会和地方企业集团所属基层工会，按照属地管理原则，一般接受所在地地方工会领导。其所在地建立相应产业工会的，工作接受所在地产业工会指导，不改变企业工会组织关系和经费管理体制。

理顺产业工会与机关所属企事业单位工会的关系。党委、政府等机关所属企事业单位的工会，按照属地管理原则，一般由地方工会或相关产业工会领导。机关工会原则上不代行产业工会职责。

第四节　完善产业工会制度

制度机制是产业工会工作有序运行的重要保障。近年来，产业工会不断扩大源头参与渠道，推动形成产业联席（联系）会议制度、产业协调劳动关系三方机制，发挥产业工会系统中的人大代表和政协工会界委员作用，积极主动参与制定涉及产业职工利益的法规政策，这些体制机制被实践证明是行之有效的，并发挥了积极作用。新形势下，针对党对产业工会的新部署、新要求，立足产业工会工作的多样性、复杂性、特殊性，需要进一步建立健全产业工会工作制度机制。

一、完善产业联席（联系）会议制度

完善产业工会与对应产业管理部门、行业协会的联席（联系）会议制度。通过联席（联系）会议制度，相互通报各自的工作情况、工作部署，了解产业的改革发展政策，对涉及职工切身利益的全局性、政策性重大问题，提出产业工会的意见和主张，共同推动和参与制定涉及本产业改革发展的法规政策，共同研究产业改革发展中遇到的突出问题和职工群众关心的热点、难点问题，提出解决的办法，与政府有关部门、行业协会等联合开展具有本产业特色的重点工作和活动，从而维护产业职工合法权益，促进产业的改革和发展，维护改革发展稳定的大局。联席（联系）会议制度要坚持党的领导，服从服务于党和国家工作大局，相互尊重、相互支持，突出重点、讲究实效的原则。产业工会要在建立联席（联系）会议制度的过程中，充分发挥产业工会联系职工比较广泛、反映职工群众意见渠道比较畅通的特点和优势，进一步完善源头参与的途径和办法，

深化调查研究和源头参与工作，推动党的全心全意依靠工人阶级根本指导方针的贯彻落实，努力促进产业的科学发展和劳动关系的和谐稳定。

二、完善协调劳动关系机制

随着我国经济体制改革的深化，产业结构的调整和升级，职工群众的利益诉求出现产业性、行业性特征，客观上要求产业工会有效地参与协调劳动关系。劳动关系三方协商机制，是市场经济国家为促进劳动关系协调发展而普遍采取的方式。建立与产业主管部门或劳动行政部门、产业（行业）协会间的劳动关系三方协商制度，定期召开三方会议，协助有关部门推动问题的解决，是产业工会的重要工作内容。要推动建立健全产业协调劳动关系三方机制，对于涉及产业、行业职工权益实现的普遍性问题、产业劳动关系存在的突出矛盾，通过协商、协调、沟通的办法推动解决问题；加强行业集体协商特别是行业工资集体协商制度建设，开展对行业劳动定额、行业劳动标准、行业人工成本、行业工资指导价位等方面问题的研究，推动相关部门及时发布具有行业指导意义的参考标准；推动建立劳动关系预警、重大突发性事件报告、劳动关系矛盾调处机制，维护产业职工合法权益，促进产业劳动关系和谐稳定。

三、完善工作议事制度

研究制定本产业工会主席办公会决策议事规则、常务委员会议事规则、委员会全体会议议事规则；明确产业工会兼（挂）职副主席和干部的职责任务、选派程序、日常管理、考核评价等办法。

四、完善联系基层和产业职工制度

建立健全产业工会组织运行机制，完善联合制、代表制的委员会、常委会等工作制度，优化委员结构、增强代表性，不仅要提高劳模和一线职工比例，增设兼职副主席，还要注重把那些新兴产业、有代表性的非公有制企业的工会负责人吸纳进来，建立完善代表委员参与决策、发挥作用的机制。着眼持续改进作风的要求，建立完善产业工会直接联系产业职工和基层联系点制度，坚持深入产业一线，倾听产业职工呼声，反映产业职工诉求，切实帮助本产业职工解决困难和问题；健全产业工会工作沟通机制，特别是要与基层建立便捷的联系渠道，为基层提供及时有效的指导服务，让产业职工真正感受到产业工会是“职工之家”，产业工会干部是最可信赖的“娘家人”。

五、完善工作汇报制度

建立向同级工会和上级产业工会报告工作制度，做到日常工作定期汇报，重点工作和重要信息及时汇报，保证工作动态及时上传。

第五节　创新工作方法和活动方式

根据形势任务变化，坚持在继承中发展创新，不断改进服务职工、指导基层的工作方法和活动方式。

一、改进服务方式

当今信息化技术高速发展，传统的工会工作模式已经远远不能满足当前的职工需求，构建服务产业职工体系，增强服务基层的针对性和实效性，必须创新服务职工的方式。

加强产业工会信息和数据资源在工会组织管理、服务职工群众中的集成应用。通过移动互联、大数据、云计算等先进技术，建立一套以“工会信息数据共享、服务职工群众快捷便利”为核心的“互联网+职工服务”工作模式，丰富工会组织联系职工、服务职工的载体，拓展产业工会工作空间，延长产业工会服务手臂，形成工会工作“线上”和“线下”深度融合、齐头并进的立体化格局，使产业工会更加密切地联系职工群众，感知基层态势、畅通沟通渠道，凝聚共识，实现工会服务的信息化、普惠化、即时化。要充分依托和分享集团公司完善的内部局域网资源，通过工会信息化管理平台、工会门户网站、QQ 群和微信公众号等媒介的融合，打造内外结合、立体化的信息传播和宣传平台。

面向广大产业职工开展普惠性服务。按照全总“会、站、家”一体化建设的工作思路，把推进普惠性服务和组建工会，与建设职工服务（帮扶）中心（站）、职工之家有机结合，将服务重点从服务劳模和困难职工，向惠及职工会员“全体”扩展。围绕职工最关心、最期盼、最现实的需求，结合工会自身职能，整合各方资源，使普惠服务平台搭载包括宣传教育、素质提升、法律维权、帮扶就业、生活服务等多元化、专业化、社会化的服务项目。切实了解和掌握职工会员多层次、多样化的需求，通过项目招聘、购买服务等多种方式，因地制宜提供职工会员感兴趣、受欢迎的服务项目，增强普惠性服务项目的针对性、实效性。

探索运用社会化方式为基层提供项目化、专业化、订单式的服务。坚持统一性服务和差异化服务相结合，充实服务内容，改进服务方式，满足不同职工群体的多样化需求。按职工的“生物钟”开展工作，开启“错峰服务”模式，在直接服务职工的工会工作站（点）实行错时上下班制度，把工会组织的服务延伸到8小时之外。制定工会服务职工工作项目清单，明确服务内容和服务标准，为职工提供精准化服务。探索通过服务外包、项目外包方式，引入社会力量，为职工提供专业化、高水平服务。建立工会服务职工满意度主人评价机制，通过对服务对象定期走访、发放征求意见表、进行无记名投票等多种方式，听取意见建议，回应职工诉求，提高服务水平。

二、加强工作指导

加强组织领导。各级工会要高度重视、加强领导，积极赋予产业工会改革内容，指导和鼓励产业工会从自身出发推进改革。要形成主要领导亲自抓、分管领导具体抓、职能部门共同抓、一级抓一级、层层抓落实的工作格局。大力推进“六有”工会建设，不断提高产业工会工作规范化水平，切实发挥产业工会作用。建立职工群众评议工会干部、评价工会工作和下级工会评价上级工会制度，加强工作考核和督促检查，提高工会工作的执行力。

注重分类指导。不同地区、不同行业的产业工会在企业规模、组织形式、职工队伍、工作基础等方面存在差异，要坚持从实际出发，因地制宜、因企制宜、分类施策，实施精准化、差异化指导和服务，有针对性地提出具体举措。运用法治思维和法治方式，依法建会、依法管会、依法履职、依法维权，不断提升产业工会法治化水平。尊重基层产业工会首创精神，注重培育具有时代特色和产业特征的先进典型，着力在加强产业工人队伍建设、推进行业工会联合会建设、开展行业集体协商、制定行业劳动标准等方面挖掘推出鲜活经验并不断完善，发挥示范引领作用。

改进工作作风。把加强产业工会工作与改进工会干部工作作风结合起来，与开展“两学一做”学习教育结合起来，不断加强产业工会党的建设，把产业工会组织建设得更加充满活力、更加坚强有力。坚持把党的群众路线作为产业工会的生命线和根本工作路线，不忘初心，牢记使命，自觉抵制和纠正“四风”，防止和克服“四化”等脱离群众的问题。建立健全联系服务职工长效机制，把工作重心放在最广大普通职工身上，经常同职工面对面、手拉手、心贴心地零距离接触，掌握第一手材料，解决职工急需解决的问题，以热情、热忱的服务打动人心、温暖人心、影响人心、赢得人心，把广大职工始终团结在党的周围。

突出产业特色。开展“当好主人翁、建功新时代”主题劳动和技能竞赛，充分焕发职工创新潜能和创造活力，推动能源化学产业发展壮大和转型升级。团结带领广大职工积极投身经济建设主战场，在京津冀协同发展、长江经济带发展、“一带一路”建设、粤港澳大湾区建设、大运河文化带建设等国家战略中发挥工人阶级主力军作用，在推进中国制造向中国创造转变、中国速度向中国质量转变、制造大国向制造强国转变的进程中展现新时代产业工人主力军风采。把产业工会业务工作骨干、专兼职工会干部等组织起来，在组建行业工会联合会、开展行业工资集体协商、协调行业和企业劳动关系、开展行业劳动和技能竞赛等方面，提供工作指导、政策咨询、人员培训。

三、构建网上工作平台

党和国家高度重视互联网工作，习近平总书记在不同场合多次强调，要贯彻以人民为中心的发展思想，推动我国网信事业发展，建设网络强国，让互联网更好造福人民；党的群团组织要下大气力开展网上工作，让群众能在网上找到自己的组织、参加组织的活动。《中共中央关于加强和改进党的群团工作的意见》中，明确提出要“打造网上网下相互促进、有机融合的群团工作新格局”。《中共中央关于认真学习宣传贯彻党的十九大精神的决定》强调，“推动党的十九大精神进网络，要积极开展网络宣传，用好‘两微一端’等新技术、新应用，增强网络宣传的实效性和影响力”。按照党的十九大“善于运用互联网技术和信息化手段开展工作”的要求，建设好联系和服务职工的新阵地。

做好“互联网+”工会工作，对于贯彻落实习近平总书记的重要指示，保持和增强工会工作和工会组织的政治性、先进性、群众性，巩固党的阶级基础、扩大党的群众基础，具有重要意义。要按照全国“互联网+”工会普惠性服务现场推进会的要求，积极实施产业工会“互联网+”行动，结合产业特点，制定和实施产业工会“互联网+”行动计划，依托产业信息网络技术，创建产业工会内部、产业工会与基层工会等网络共享互动平台，打造网上网下相互促进、有机融合的工作新格局。要强化大数据思维，建设“数字工会”。注重数据辅助决策、数据指导工作，利用网上大数据为各级工会合理配置实体站点资源、优选服务项目、更普惠地开展服务提供参考依据。

四、善于借势借力

产业工会具有熟悉产业情况、联系职工密切、服务经济建设作用直接的优势，在团结动员广大产业职工促进产业改革发展中具有独特的作用。与地方工会相比，产业工会在开展劳动和技能竞赛、提高产业工人队伍素质、推进行业集体协商、加强职业安全卫生等方面具有专业优势。与基层工会相比，产业工会在源头参与、信息沟通、协调劳动关系、开展对外交往等方面具有整体优势。

做好产业工会工作，要广泛吸引产业职工群众和基层力量、相关社会组织、志愿者广泛参与产业工会工作，激发自身活力，不断壮大产业工会工作的组织基础和社会基础。要紧密结合产业特点，围绕产业改革发展和工会重点任务开展工作，及时向同级地方工会汇报产业工会工作情况、反映产业职工诉求。产业工会的主管地方工会要加强对产业工会的工作指导，及时为产业工会提供政策支持，共同做好对基层工会的指导服务。

进一步明确产业和地方工会的职责分工。属于工会统一要求和地区性问题，主要由地方工会负责，产业工会支持配合；属于产业特色的工作和特殊性问题，产业工会有条件、有优势做的，主要由产业工会来做，地方工会给予支持；有些则可以由产业工会和地方工会一起做，把两方面优势都充分发挥出来。在大局下，两者协调配合、相互支持，发挥优势、体现作为，坚持有所为有所不为，做到产业工会与地方工会优势互补，形成工作合力。

思考题：

1. 推进新时代产业工会工作创新发展有哪些重要意义？

2. 推进新时代产业工会工作创新发展的主要原则和目标任务是什么？

3. 如何健全完善产业工会组织体系？

第五章 加强产业工会自身建设

加强产业工会自身建设，以加强产业工会党的建设为统领，坚持以习近平新时代中国特色社会主义思想为指导，深入学习贯彻党的十九大精神，全面落实新时代党的建设总要求，牢固树立“四个意识”，坚定“四个自信”，强化主体责任，做好“三个表率”，从严从实推进产业工会系统党的政治建设、思想建设、组织建设、作风建设、纪律建设，把制度建设贯穿其中，深入推进反腐败斗争，努力开创新时代产业工会党建工作新局面，在产业工会自身建设中充分发挥党组织领导核心作用和党员先锋模范作用。

要深刻领会政治性的要求，始终把政治性放在工会工作第一位，自觉坚持党的领导，保持政治清醒、增强政治定力，严守政治纪律和政治规矩，在思想上政治上行动上同以习近平同志为核心的党中央保持高度一致。要深刻领会先进性的要求，紧紧围绕党和国家工作大局，组织动员广大职工群众在改革发展稳定的第一线建功立业，在大众创业、万众创新的时代洪流中贡献聪明才智，在培育和践行社会主义核心价值观中汇聚磅礴力量。要深刻领会群众性的要求，牢固树立马克思主义群众观点，认真贯彻党的群众路线，坚持以职工为本，深入组织职工、宣传职工、教育职工、服务职工，引导职工群众自觉做坚持中国道路的实践者、弘扬中国精神的示范者、凝聚中国力量的主力军，动员亿万职工满怀信心投身于为实现中国梦而奋斗的火热实践，形成万众一心、众志成城的磅礴力量。

第一节　加强产业工会的政治建设

政治性是工会组织的灵魂，是第一位的。要把加强产业工会的政治建设放在首位，牢牢把握产业工会正确的政治方向，自觉服从服务于党和国家工作大局以及工会工作全局，切实履行职责，忠诚党的事业，服务职工群众，为加强和改进工会自身建设奠定坚实的思想政治基础。

一、坚持党的领导，确保产业工会工作的正确政治方向

中国产业工会是中国共产党领导的产业职工群众组织，具有高度的政治性、鲜明的阶级性、广泛的群众性，与西方产业工会有着本质的区别。坚持中国共产党的领导，是产业工会必须坚持的正确政治方向，也是产业工会工作的优良传统。

坚持正确的政治方向，必须坚持自觉接受党的领导。中国共产党是中国工人阶级的先锋队，同时是中国人民和中华民族的先锋队，是中国特色社会主义事业的坚强领导核心，也是中国工运事业的坚强领导核心。坚持党的领导是做好产业工会工作的根本原则和政治保证，各级产业工会必须始终不渝地遵循，任何情况下都不能动摇。要坚决维护习近平同志在党中央和全党的核心地位，坚决维护党中央权威和集中统一领导，始终在思想上政治上行动上同以习近平同志为核心的党中央保持高度一致。要认真研究产业职工队伍的新情况、新变化，把思想政治工作贯穿于各种活动之中，切实承担起引导产业职工群众听党话、跟党走的政治责任，坚持和拓展中国特色社会主义工会发展道路。

坚持正确的政治方向，必须深入抓好科学理论武装。习近平

新时代中国特色社会主义思想是马克思主义中国化最新成果，是中国特色社会主义理论的重要组成部分，是全党全国人民为实现中华民族伟大复兴而奋斗的行动指南。产业工会要切实强化习近平新时代中国特色社会主义思想在工会工作中的指导地位，自觉用习近平新时代中国特色社会主义思想武装头脑，紧紧围绕学习贯彻习近平新时代中国特色社会主义思想这条主线，坚持走中国特色社会主义工会发展道路，确保产业工会工作正确政治方向，着力筑牢带领广大产业职工听党话、跟党走的思想基础。

坚持正确的政治方向，必须切实增强政治敏锐性和政治鉴别力。要立足我国国情、会情，充分认识中国产业工会的特点，正确认识和把握中国产业工会与西方产业工会的本质区别和显著不同，警惕敌对势力西化、分化图谋，绝不允许出现“独立工会”或“第二工会”。

二、强化“四个意识”，自觉服从服务于全党全国工作大局及工会工作全局

党确定的一个特定历史时期的奋斗目标、中心任务以及为实现这一目标任务所制定的路线纲领、大政方针、战略部署和重大决策，是决定民族命运、国家前途的大局。产业工会只有把自身的工作与党领导的伟大事业紧密联系在一起，强化“四个意识”，找准工作的结合点和着力点，团结动员产业职工群众为完成党的中心任务贡献力量，才能代表产业职工群众，充分发挥作用，成为推动历史前进的积极力量。

服从服务于大局，必须首先了解和把握大局。党的十九大对产业改革发展作出了新的重大部署。这些重大部署与产业工会密切相关，对新时代产业工会服务产业改革发展提出了明确要求。各级产业工会要更新思路、转变观念，团结动员广大产

业工人，积极投身经济建设主战场，大力弘扬劳模精神和工匠精神，深入开展“当好主人翁、建功新时代”主题劳动和技能竞赛，不断激发产业职工的建设热情和创造活力，为增强我国经济创新力和竞争力，培育新增长点、形成新动能，促进我国经济高质量发展作出新贡献。

服从服务于大局，必须围绕大方向来谋划和开展产业工会工作。一方面，各级产业工会组织要严格遵守党的政治纪律和政治规矩，坚决贯彻落实中央的大政方针和全国总工会的各项部署要求，做到令行禁止；另一方面，要注意从产业发展实际和产业工会工作实际出发，把中央的大政方针和全总的各项部署转化为具体的工作思路，找准切入点和着力点，创造性地抓好落实，不照搬照抄，不搞“上下一般粗”。

服从服务于大局，要着力在发挥产业工会自身优势上下功夫。要发挥熟悉产业情况的优势，积极为产业经济发展建言献策，为产业改革发展营造良好的发展环境，努力促进产业经济发展。要发挥贴近职工的优势，引导广大产业职工群众把思想和行动统一到中央对国际国内形势的科学判断上来，统一到经济社会发展的重大决策部署上来，统一到中央关于工人阶级和工会工作一系列重要指示精神以及中华全国总工会的各项工作要求上来。要发挥服务经济建设作用直接的优势，广泛组织职工开展具有产业特色的劳动竞赛，在推动产业经济高质量发展中作出积极贡献。

三、强化责任担当，增强做好新时代产业工会工作的使命感和紧迫感

在我国革命、建设、改革的历史进程和中国工运事业发展过程中，产业工会作出了不可磨灭的贡献。在坚持走中国特色社会主义工会发展道路的伟大征程中，产业工会责任重大、使

命光荣、任务艰巨。产业工会干部必须牢记重托，不辜负广大产业职工群众的期望，强化责任担当以对党和产业职工群众高度负责的态度，努力做好新时代产业工会工作。

强化责任担当，首先要认清自己的职责。要深入研究和积极适应产业改革发展的新任务、产业劳动关系的新特点、产业职工群众的新期待，正确认识和把握产业工会在推动产业高质量发展、维护产业职工群众合法权益、促进产业职工队伍建设等方面所担负的重要职责。

强化责任担当，关键是要不折不扣地履行好自己的职责。要自觉践行“忠诚党的事业、服务职工群众”的职业操守，热爱中国工运事业，热爱正在从事的产业工会工作，热爱为之服务的广大产业职工群众，不计较名利，守得住清贫，保持执着，为推动产业高质量发展、维护产业职工群众合法权益努力工作。要认真履行产业工会的各项职能，千方百计完成所承担的各项工作任务。要敢于担当，特别是要旗帜鲜明地维护中国工人阶级和工会组织的团结和统一，旗帜鲜明地维护广大产业职工群众的合法权益。

强化责任担当，还必须努力提高履行责任的能力。要与时俱进地加强产业工会干部的能力建设，加大实践锻炼和教育培训的力度，努力掌握社会主义市场经济条件下产业工会工作规律，增强群众工作本领，加强运用科学理论和专业知识分析解决实际问题的能力，真正成为产业工会工作的行家里手。

四、提升服务水平，更好地为产业职工群众和基层服务

不断提升产业工会服务水平，建设服务型产业工会组织，不仅是产业工会组织的性质体现，也是产业工会坚持走中国特色社会主义工会发展道路的客观要求。产业工会干部要牢固树立以人民为中心的发展思想，树立全心全意为人民服务的宗旨

意识，把服务产业职工群众、服务基层作为产业工会工作的出发点和落脚点，争做服务型工会干部。

提高服务意识，必须全力为产业职工群众服务。产业工会干部要不断增强群众意识，努力增进与职工群众的深厚感情，时刻把职工群众的安危冷暖放在心上，把他们关注的难点和热点作为工会工作的重点，站在职工群众立场谋划工作，多从职工群众需求开展工作，为产业职工办实事、做好事、解难事，促进产业劳动关系和谐和产业职工队伍稳定，把产业工会建设成为名副其实的产业职工之家。

提升服务水平，必须坚持工作重心下移。要坚持从基层的需要中去定思路，从基层的热点、难点中去定重点，从基层的经验中去找办法，从基层的评价中去找差距。只有牢固树立为基层服务的意识，才能使产业工会更贴近基层实际和职工群众；才能使产业工会的工作安排具有更强的针对性和可操作性，对基层的指导更具体、明确；才能更为及时地获取基层信息，研究确定产业工会工作重点，准确有效地表达和维护本产业职工的权益，努力克服产业工会机关化、行政化的倾向。

提升服务水平，必须努力提高新形势下产业工会的服务能力和工作水平。各级产业工会要积极探索新形势下产业工会服务全局、服务基层和服务职工的有效途径，畅通服务渠道，创新服务方式，密切与基层和职工群众的联系，使产业工会工作真正反映基层和职工的愿望，推动解决产业职工最关心、最直接、最现实的利益问题，不断提高产业工会工作整体水平。

第二节　加强产业工会的组织建设

加强产业工会的组织建设，认真贯彻落实中共中央关于群团改革的重要指示精神，按照全国工会深化改革创新要求和有关组织原则，在调整改善产业工会全委会、常委会委员结构，增设兼职副主席，提高产业工会领导机构组成人员的广泛性和代表性，建立完善代表委员参与决策、发挥作用的机制等方面下功夫，切实加强产业工会组织建设。

一、加强产业工会组织机构建设

（一）积极吸收劳动模范和一线职工进入产业工会领导机构

积极吸收劳动模范和一线职工进入各级产业工会领导机构，有利于更好地体现工会性质，发挥工会联系职工群众桥梁纽带作用；有利于形成正确的用人导向，更好地发挥劳动模范的示范带头作用，充分调动广大职工群众的积极性、主动性、创造性；有利于增强工会干部队伍的广泛性、代表性，优化工会干部队伍结构，提高工会工作科学决策和民主决策水平，防止和克服工会组织“机关化、行政化、贵族化、娱乐化”等脱离群众现象。

吸收进入各级产业工会领导机构的劳动模范和一线职工，应坚持中国特色社会主义工会发展道路，具有较高的政治理论水平和良好的政治素养，热心工会事业和工会工作，知职工、懂职工、爱职工，受到职工群众拥护，具有较强的议事能力和群众工作本领。从劳动模范和一线职工中选拔产业工会干部工作，要坚持在各级党组织的统一领导下开展。

（二）注重吸收新兴产业、有代表性的非公有制企业的工会负责人进入产业工会

我国经济发展新常态特征更加明显，产业经济结构深刻调整，传统产业在改造中提升，新技术、新产业、新业态蓬勃发展，为产业发展带来巨大活力。同时，非公有制经济是我国国

民经济的重要组成部分，当前，非公有制经济企业正在成为经济转型升级的重要力量，成为助力供给侧结构性改革活力的重要源泉。积极吸收新兴产业、有代表性的非公有制企业的工会负责人进入产业工会，是扩大产业工会覆盖面、增强产业工会代表性、发挥产业工会工作影响力的必要保证。

（三）建立完善代表委员参与决策、发挥作用的机制

代表委员是产业工会委员会的组织基础。增强委员和代表意识，履行好委员职责，是推进产业工会工作发展的重要保证。代表委员要认真贯彻落实委员会确定的重点工作任务，结合实际，打造和推广带有行业特色的工作品牌、典型经验，及时报告重点工作开展情况，反映企业和职工群众的愿望和呼声。要支持鼓励代表委员充分发扬民主，积极发表意见和建议，通过各种形式对全会工作建言献策。要鼓励支持委员之间加强联系，就地区和行业具有共性的问题共同开展研究、协力加以解决。着力体现联合制、代表制要求，完善上下联动、共抓典型、推动全局的工作机制。

二、加强产业工会领导班子和干部队伍建设

加强产业工会领导班子和干部队伍建设，要按照“信念坚定、为民服务、勤政务实、敢于担当、清正廉洁”的好干部标准，选优配强产业工会领导班子，注重培养和使用产业工会干部，加大轮岗交流力度，推进各级产业工会委员会机关和委员、常委单位干部交流。要做好协管工会干部工作，按照党管干部的原则和程序，配好配强产业工会主席，优化产业工会领导班子结构，推荐产业工会干部进入各级人大、政协和各级总工会领导机构，健全和完善产业工会领导班子民主集中制和议事决策制度，形成民主决策、分工负责、协调高效的工作格局。要通过竞争上岗、培养交流、挂职锻炼等途径，把熟悉产业情况、

年富力强的工会干部充实到产业工会干部队伍中。要加强对产业工会干部的培训，提高产业工会干部队伍的理论政策水平和实际工作能力，掌握法律法规及集体合同、工资协商、劳动保护等专业知识，努力建设一支高素质专业化产业工会干部队伍。

产业工会干部应努力具备较高判断形势能力、适应市场经济能力、应对复杂局面能力、服务大局能力、依法办事能力，真正成为熟悉产业经济发展、产业职工队伍、产业劳动关系的行家里手。牢固树立高瞻远瞩的全局意识、科学缜密的决策意识、反应灵敏的信息意识、适应变化的创新意识，不断增强对工运事业的责任心和使命感，努力做好新时代的产业工会工作。

第三节　加强产业工会的作风建设

作风建设是形象，是凝聚产业工会干部力量、加强和改进新时代产业工会工作的重要保证。各级产业工会要把加强产业工会干部的作风建设放在更加突出的位置来抓，大兴勤奋学习之风、调查研究之风、求真务实之风、密切联系职工群众之风、廉洁自律之风，以优良作风推动产业工会工作不断开创新局面。

一、大兴勤奋学习之风

（一）重视学习、善于学习

习近平同志强调，高度重视学习、善于进行学习，是我们党的优良传统和政治优势，是我们党保持和发展先进性、始终走在时代前列的重要保证，也是领导干部健康成长、提高素质、增强本领、不断进步的重要途径。在经济全球化、信息化加快发展的背景下，产业的发展形势错综复杂，新情况、新问题层出不穷，知识更新不断加快，工作领域越来越宽，涉及范围越来越广，工作对象也有很大变化，对产业工会干部的理论政策水平和业务能力提出了更高的要求。

要善于学习。要把向书本学习和向基层学习、向群众学习、向实践学习紧密结合起来，不断完善学习方法、扩展学习载体、丰富学习内容，有计划、有步骤、有系统地进行学习。要围绕工会干部的个人能力和综合素质的提高，立足当前，着眼长远，注重紧密结合产业工会工作实际，有针对性地开展学习。要带着问题去学习，学会在学中用、在用中学、边学边用、学用结合。做到真学、真懂、真信、真用。要将化解矛盾、解决问题作为学习的根本目的，努力转化学习成果，提高学习的实效性。

（二）大力推进学习型产业工会组织建设

要建立和完善促进学习、保障学习的长效机制，建立健全符合实际、行之有效的学习制度，促进学习科学化、规范化、制度化。要创新工作思路，善于利用现代工具和科技手段，搭建学习平台，共享学习资源，优化学习载体，进一步在产业工会系统内营造浓厚的学习氛围。要不断加大投入，整合教育资源，丰富学习模式，健全培训制度，保证学习的针对性和实效性。要建立学习制度，运用专题学习会、辅导讲座、报告会、学习班等途径和载体，将专题学习与产业工会业务培训、职工读书活动结合起来，开展学习交流、学习体会征文等活动，扩大学习范围，提高学习实效。要建立学习考核评价制度和激励约束机制，提高产业工会干部的学习动力，确保学习全员化、常态化，建设学习型产业工会组织。

（三）认真学习理论和各有关业务知识

要结合产业工会工作实际，重点抓好以下三个方面知识学习：

一是认真学习中国特色社会主义理论体系。党的十八大以来，习近平同志从理论和实践结合上系统回答了新时代坚持和发展什么样的中国特色社会主义、怎样坚持和发展中国特色社会主义等一系列重大时代课题，形成了习近平新时代中国特色社会主义思想。党的十九大确定了决胜全面建成小康社会、开启全面建设社会主义现代化国家新征程的目标，赋予工人阶级和工会组织新的历史使命。各级产业工会要深入学习贯彻习近平新时代中国特色社会主义思想，牢牢把握为实现中华民族伟大复兴的中国梦而奋斗的时代主题，在服务大局中明确政治站位，在聚焦主业中把握职责定位，在稳中求进中积极主动作为，不断推进工会理论与实践创新发展，团结动员亿万职工以劳动托起中国梦。产业工会要通过学习，进一步深化对建设什么样的社会主义、怎样建设社会主义，建设什么样的党、怎样建设党，实现什么样的发展、怎样发展，新时代坚持和发展什么样的中国特色社会主义、怎样坚持和发展中国特色社会主义等一系列重大问题的认识。

二是认真学习中国特色社会主义工会发展道路。要通过学习，正确认识和把握这条道路揭示的中国工会的历史使命、本质特征、政治保证、理论指导、基本职责等重大问题，正确认识和把握这条道路的核心、根本、关键，正确认识和把握贯穿于这条道路的马克思主义立场、观点和方法。

三是认真学习与产业工会工作相关的政治、经济、法律等专业知识。特别是要了解本产业生产方式的主要特点，本产业的发展规划、发展目标，行业的主要工艺流程；掌握本产业的生产经营形势以及在经济结构调整中的地位和发展趋势；掌握本产业的企业类型、企业结构以及不同类型企业的生产经营概况和劳动关系的主要特点；熟悉本产业的产业政策，特别是涉及产业职工各项劳动经济的相关政策；掌握本产业主要的劳动标准，熟悉本产业企业就业状况、主要分配形式、劳动安全卫生状况；掌握本产业改革改制的总体情况、在不同发展时期的主要问题及其对劳动关系的影响；熟悉本产业企业管理的概况和特点；熟悉本产业职工的生活环境、劳动经济权益实现的总体情况及其存在的主要问题；了解本产业职工群体的基本状况以及职工在不同时期突出的利益诉求和主要呼声。

二、大兴调查研究之风

（一）深化思想认识，提高调查研究的主动性

习近平同志深刻指出，调查研究是我们党的传家宝，是做好各项工作的基本功。要在全党大兴调查研究之风，推动全党崇尚实干、力戒空谈、精准发力，让改革发展稳定各项任务落下去，让惠及百姓的各项工作实起来，推动党中央大政方针和决策部署在基层落地生根。深入开展调查研究，是产业工会的一项重要的基础性工作，是产业工会干部认真履行职责的需要，是维护职工合法权益、适应新时代产业工会工作的需要。当前，产业结构调整、产业劳动关系的变化和职工队伍的发展，都对加强和改进产业工会工作提出了新课题、新挑战，迫切要求产业工会比以往任何时候都要更加重视调查研究工作。要进一步增强开展调查研究的自觉性，把产业工会各项工作的开展建立在深入调查研究的基础上。

（二）围绕工作大局，提高调查研究的针对性

要紧紧围绕产业工会工作大局，有的放矢地开展调查研究工作。着重围绕产业工人队伍建设特别是思想政治建设、技术技能素质建设、组织建设等重点，努力掌握产业发展面临的宏观形势变化、产业结构调整的趋势，分析研究本产业职工队伍建设的基本情况，总结产业工会在提升产业职工素质、维护产业职工权益、畅通产业职工成长渠道等方面的经验做法，查找

存在的问题与原因，提出加强产业工人队伍建设的对策建议。要紧扣本系统、本行业产业工会工作现状，围绕服务产业发展、服务职工群众，有目的、有针对性地开展调查研究。要加强对改革、发展、稳定中亟待解决的重大问题的调查研究，加强对职工群众关心、关注的社会热点问题的调查研究，加强对全局性、战略性、前瞻性等重要问题的调查研究。

（三）坚持实事求是，提高调查研究的科学性

要深入基层、深入企业、深入职工群众、深入实践开展调查研究工作，力戒形式主义、官僚主义。要善于从个性问题中发现共性问题，从特殊性问题中找出普遍性问题。要注重方式方法的创新，在运用座谈会、个别访谈、实地考察和蹲点调查等传统方法的同时，注重利用现代信息技术手段，运用定性与定量结合、宏观与微观结合、静态与动态结合等方法进行综合分析研究，切实提高调查研究的效率和水平。要善于借助政府部门、行业协会、科研院校等社会资源，同时重视调研成果的转化和应用，充分运用调研成果，进行高层次的源头参与、宏观维护和指导工作。

三、大兴求真务实之风

求真务实，是辩证唯物主义和历史唯物主义一以贯之的科学精神，是党的思想路线的核心内容，也是党的优良传统和共产党人应该具备的政治品格。做好新时代产业工会工作，必须始终坚持求真务实。

（一）深入一线抓好工作落实

全国产业工会和各级地方产业工会不同于企业工会，都不同程度地具有工会领导机关的性质。要牢固树立服务一线的意识，把服务基层企业、服务产业职工作为产业工会一切工作的

出发点和落脚点，坚持从一线的需要中去定思路，从一线的热点、难点中去找重点，做到情况到一线了解、问题到一线解决，感情到一线融洽、工作到一线落实，才能使产业工会更贴近企业实际和职工群众。只有时刻保持与一线的密切联系，才能使产业工会更贴近企业实际和职工群众；才能使产业工会的工作安排具有更强的针对性和可操作性；才能对基层企业的指导更具体、明确；才能更为及时地提出更具行业性、专业性、可比性的维权工作重点，准确有效地表达和维护产业职工的权益。

（二）脚踏实地办实事

要求真务实，不搞花架子，不搞形式主义，在调查研究的基础上，探索事物发展的规律性，找出解决实际问题的思路和办法。要坚持实事求是的原则，切忌弄虚作假、欺上瞒下，说假话、空话、大话、套话，要真实反映基层的情况和职工群众所思所想、所忧所盼。要充分发挥产业工会对产业情况熟悉、联系职工群众紧密、服务经济建设作用直接的优势，坚持深入实际、深入基层、深入职工群众，了解社情民意，掌握服务产业发展、服务职工群众的方法。要把更多的人力、物力、财力用在基层和职工群众身上，真正把服务职工、服务群众落到实处，把基层的生机和活力充分激发出来。

（三）扎实苦干务求工作实效

要坚持奋发向上、百折不挠的精神，弘扬勤俭节约、艰苦奋斗的作风，努力克服形式主义、官僚主义和机关化、行政化、贵族化、娱乐化倾向，把更多的精力用在察实情、办实事上，坚持讲实话、报实情、出实招、重实干、求实效，坚持为基层工会和广大产业职工做实事、办好事、解难事。要从不同行业（产业）的特点出发，围绕行业的突出问题和职工群众的利益诉求，依法大力维护职工的劳动经济权益，推动行业健康、协调、可持续发展。

四、大兴密切联系职工群众之风

人民群众是我们党的力量源泉，密切联系群众是我们党的优良作风。加强与职工群众联系是工会工作的生命线，密切联系职工群众是工会组织的最大优势，脱离职工群众是工会组织的最大危险。

（一）思想上提高密切联系职工群众的认识

要充分认识密切联系职工群众对于党的事业、工运事业的重要性，认真贯彻党的群众路线，坚定不移地依靠职工群众。要充分尊重产业职工的主体地位，坚持思想上尊重职工群众，感情上贴近职工群众，工作上为了职工群众，真正体现产业工会组织的群众性。要把职工群众呼声看作第一信号、把职工群众需要当作第一任务、把职工群众利益放在第一位置、把职工群众愿望作为第一目标，努力维护好、发展好、实现好职工群众的根本利益。

（二）制度上加强密切联系职工群众的机制体制建设

要健全服务职工群众制度，增加为职工群众办实事项目，搭建结对帮扶、法律援助等各项服务职工群众的平台。要探索开展现场办公、一线工作等破解难题的方式方法，集中时间和精力，全力解决涉及职工群众切身利益的难事、急事，切实办好顺民意、解民忧、惠民生的实事。要健全联系职工群众制度，密切联系职工，深入实际，深入基层，层层建立产业工会干部联系点制度、蹲点工作制度等。要将主动深入职工群众调查摸底和拓宽职工群众诉求渠道有机结合起来，让职工群众有说话、反映问题的地方，有敢说话的制度保证。要健全维护职工群众权益机制，努力形成科学有效的利益协调机制、矛盾调处机制、权益保障机制，认真解决职工群众反映强烈的突出问题。

（三）行动上做好密切联系职工群众

要深入职工、深入基层、深入实际，了解职工群众所思所想，从职工群众的意愿和要求出发去想问题、定决策、出措施，使确定的工作重点、采取的工作方式更加符合职工群众的愿望和要求，更为职工群众所喜闻乐见。要努力适应新时代产业工会工作的新特点、新要求，深入做好服务职工群众工作，虚心向职工群众学习，热心为职工群众服务，诚心受职工群众监督。要经常性地深入一线，特别是深入发展困难、问题较多的企业开展调查研究，面对面和职工群众交流，心贴心地关心职工疾苦，实打实地服务职工群众，拉近和职工群众的距离。

五、大兴廉洁自律之风

习近平同志强调："要加强反腐倡廉教育和廉政文化建设，督促领导干部坚定理想信念，保持共产党人的高尚品格和廉洁操守，提高拒腐防变能力，在全社会培育清正廉洁的价值理念，使清风正气得到弘扬。"党的十八大以来的全面从严治党实践表明，"制度治党"与"思想建党"需要双管齐下，反腐不仅要约束行为，更要培育健康向上的党内政治文化、营造风清气正的党内政治生态，从思想上防微杜渐，使"不敢腐、不能腐"真正发展为"不想腐"。产业工会组织必须把加强党性修养、坚决惩治和有效预防腐败作为重大政治任务来抓，永葆党领导的产业工会组织的政治本色，永葆产业工会干部队伍的纯洁，努力建设一支政治坚定、业务扎实、作风过硬、廉洁自律的产业工会干部队伍。

产业工会党组织要切实履行主体责任，坚持全面从严治党，把严肃党内政治生活、净化党内政治生态作为全面从严治党的根本性基础工作，严格党的组织生活，严明党的纪律，认真落实党内监督责任，强化监督执纪问责。深入推进党风廉洁建设和反腐败工作，持之以恒落实中央八项规定精神，坚决反对“四风”，锲而不舍抓好作风建设，把党要管党、从严治党落到实处，充分发挥党组织领导核心作用和党员先锋模范作用。

（一）切实端正思想，筑牢反腐防线

产业工会干部要以身作则、率先垂范，发挥示范作用，始终把纪律挺在前面，严格执行政治纪律、组织纪律、廉洁纪律、工作纪律、群众纪律、生活纪律。要一日三省吾身，经常对照党章检查自己的言行，加强党性修养，陶冶道德情操。坚持交往有原则、有界限、有规矩，增强政治定力、纪律定力、道德定力、拒腐定力，始终不放纵、不越轨、不逾矩，永葆共产党人政治本色，树立工会干部的良好形象。要不断强化接受监督的意识，在做好自我监督的同时，自觉接受党外监督、群众监督、舆论监督。

（二）认真开展反腐倡廉宣传教育

要积极抓住社会主义核心价值观这个兴国之魂，认真开展理想信念教育和从政道德教育。要加强政治品质和道德品质教育，促使产业工会干部践行社会公德、职业道德、个人品德和家庭美德。要深入开展示范教育、警示教育和岗位廉政教育，把培育廉洁价值理念贯穿于产业工会干部培养、选拔、管理和使用的全过程。要加强反腐倡廉宣传工作，充分展示反腐倡廉建设所取得的明显成效，积极反映群众呼声，在产业工会营造良好的反腐倡廉舆论环境。

（三）加强反腐倡廉建设

要严格落实党风廉政建设责任制，各级产业工会党员领导干部要严格履行“一岗双责”，担负起第一责任人的职责，知责、尽责、负责，敢抓敢管，勇于监督，带好班子、带好队伍、带好作风。要习惯于在同志间相互提醒和督促中纠错防偏、共同进步，推动管党治党不断从“宽松软”走向“严实硬”。

要坚决查办腐败案件，坚决杜绝产业工会干部脱离职工群众、作风霸道、特权观念严重等不良现象，坚决克服官僚主义、形式主义、弄虚作假、心浮气躁等不良风气。要认真治理庸、懒、散问题，严肃处理不作为、乱作为行为。要严格执行中央有关规定，厉行节约、反对铺张浪费，树立良好的产业工会干部队伍形象。

第四节 加强产业工会的制度建设

制度更带有根本性、全局性、稳定性、长期性。科学的制度是理顺各种关系、激发内部活力、提高工作效率、强化任务落实的重要保障。加强产业工会制度建设，坚持制度机制创新是产业工会组织正常运转、作用发挥的重要保证，是提高产业工会决策科学化、民主化的重要保证，也是产业工会在发展过程中积累的一条宝贵经验。加强产业工会自身建设，必须始终把制度建设贯穿于产业工会政治建设、组织建设和作风建设之中。

一、加强产业工会制度建设的原则和目标要求

产业工会制度建设就是把长期以来产业工会工作中的经验教训加以总结和概括，形成产业工会工作制度，逐步规范组织行为，使之内化为自觉行动和各级组织规范运行的过程。根据产业工会自身特点和要求，结合制度建设基本经验，加强产业工会制度建设，必须遵循以下基本原则。

1. 坚持党的领导，牢牢把握正确的政治方向。产业工会必

须在党的领导下，从自身性质和特点出发，紧紧围绕和服从服务于党领导的工运事业，有组织、有领导、有计划、有步骤地推进制度建设，始终坚持制度建设的正确方向。

2. 以习近平新时代中国特色社会主义思想为指导，体现中国特色社会主义工会发展道路的要求。产业工会制度建设必须坚持以正确的思想理论为指导，以习近平新时代中国特色社会主义思想为根本指针，并以此统一思想，确立思路，自觉将产业工会制度建设纳入中国特色社会主义工会发展道路的轨道上来。

3. 坚持服务工会工作全局。产业工会是中国工会的重要组成部分，产业工会制度建设必须围绕实现工会中心任务和工作重点来设计，为推动工会工作创新和工运事业发展提供保证。

4. 以《中华人民共和国工会法》和《中国工会章程》为根本，以民主集中制为核心。坚持《中华人民共和国工会法》和《中国工会章程》在产业工会制度中的根本地位，依照《中华人民共和国工会法》和《中国工会章程》要求制定制度、遵循制度。坚持民主集中制这一根本组织制度，通过坚持和完善民主集中制来推动产业工会制度建设。

5. 坚持推动产业改革发展和维护产业职工合法权益的统一。加强产业工会制度建设必须统筹兼顾、突出重点，必须有利于全面履行产业工会各项职责，有利于主动科学依法维权，切实履行产业工会维护职工合法权益的基本职责。

6. 坚持解放思想、实事求是、与时俱进、求真务实。以解放思想为先导、以改革创新为动力，在继承的基础上不断推进产业工会制度创新发展。

加强产业工会制度建设，就是要坚持和完善产业工会组织制度，改革和完善产业工会工作运行机制和工作方式，构建内容协调、程序严密、配套完备、有效管用的制度体系，并坚决贯彻落实，形成产业工会法治化、规范化的运行机制和工作方式，为推动产业工会工作创新发展提供重要保证。

二、建立和完善全国产业工会工作制度

全国产业工会要充分发挥全国一级产业工会组织的作用，必须建立和健全有关的工作制度，探索和建立体现产业工会联合制、代表制的有效工作机制，努力形成产业特色工作的上下联动。

（一）全委会工作制度

组织委员参与全委会议重要问题的讨论和决策。在全委会《工作报告》形成前，应认真听取委员的意见。委员在参加全委会议前要认真做好准备，带着情况和建议参加会议。依靠委员落实全委会工作任务。根据工作需要和委员所在单位的实际情况，组织委员完成全委的重点调研任务和重要工作任务，以对具有产业特色的重点工作形成上下联动的工作机制，发挥全委会的整体功能。加强委员与所在城市和周边地区常委的工作联系。在全委会议闭会期间，遇有重要工作任务和需要研究的重要问题，由常委负责召集所在城市和周边地区的委员及相应产业工会的主席进行协商落实，委员应当给予积极支持和协助。切实为委员加强联系、发挥作用创造条件，通过充分发挥委员的作用，通过委员所在单位的工作成效和典型经验，推动产业工会的工作不断向深度和广度拓展。

（二）常委会工作制度

组织常委参与产业工会全国委员会重大问题的决策。提交全委会讨论的工作报告，须经常委会研究通过。全委会议闭会期间涉及产业工会全局工作的重大问题和工作部署由常委会在充分听取常委意见的基础上作出决策。常委在参加常委会议前，应认真做好准备，带着情况和建议参加会议。建立常委会例会

制度，常委会一般每年召开两次，年中召开一次，年底与全委会议同时召开一次。全委会召开的其他重要会议可邀请有关常委参加。依靠常委加强与所在城市及周边地区委员和相应产业工会的联系，根据全委会部署的工作任务，由常委做好有关的信息沟通、工作交流、组织协调等工作。依靠常委开展调查研究工作，根据工作需要，组织常委和全委会机关工作人员一起调研或由常委按分工在本地区代表全委会组织力量完成全委会重点调研任务。依靠常委组织全委会重要活动，根据工作需要和分工，由常委协助全委会承担全委有关重要会议和活动的具体组织工作。全委会根据工作需要，为常委的学习考察和交流研讨活动创造条件。

（三）信息工作制度

及时、真实的信息是产业工会履行职责的基础。要充分认识新形势下加强信息工作的重要性和必要性，切实加强对信息工作领导，坚持信息工作与产业工会各项工作的紧密结合，把信息工作作为产业工会履行职责、发挥作用的一项长期任务和重要基础性工作来抓。各省市产业工会、基层工会要建立一支专（兼）职的信息工作队伍；建立健全与基层工作的信息联系网络；建立与政府有关部门、对应产业部门、行业协会和新闻单位的信息联系，并请他们明确人员，加强与全国产业工会的信息联系。要坚持信息报送制度，各省市产业工会要及时、准确地向全国产业工会报送本地区产业改革发展中存在的突出问题，职工群众在就业、分配、社会保障、职工安全卫生等方面遇到的突出问题，影响职工队伍稳定的倾向性问题，工会工作的重要部署和进展，工作中遇到的新情况、新问题及提出的新思路、创造的新经验等信息。全国产业工会要及时向全国总工会报告，必要时向党中央、国务院有关部委报送本产业改革发展、职工切身利益和影响职工队伍稳定突出问题的信息，要通过刊物和其他信息报送渠道及时宣传本产业工会工作的重要动态和经验。要努力提高信息质量，重视信息的开发和利用，加强对初级信息的分析、综合、研究和处理，抓住具有代表性和倾向性的问题及典型事件开展跟踪调查、系列调查，力求把一般性的情况反映、社会呼吁变为在分析研究基础上形成的高层次信息和参政意见。要推进工作信息化建设，努力办好全国产业工会的网站，充分发挥计算机网络信息技术在沟通信息、指导工作、资源共享、密切与基层和职工群众的联系、提高工作质量和效率中的作用。要加强信息工作的制度建设，建立信息员的学习培训制度、信息报送制度、信息需求通报制度和信息工作的评比表彰制度。

三、努力发挥制度建设在产业工会自身建设中的重要作用

1. 把制度建设与政治建设、组织建设、作风建设有机结合起来，不断提高产业工会自身建设的制度化、规范化、科学化水平。

产业工会自身建设是一个全面的系统工程，任何一个方面都不可偏废。政治建设是制度建设的前提和基础，没有正确的政治建设，制度建设就会迷失方向，政治建设的经常性和成果需要完善的制度来保证和巩固；组织建设为制度建设提供组织保障，制度建设是组织建设的内在要求和依托；作风建设是制度建设的外化，制度建设是作风建设的支柱，只有不断健全制度，才能坚持和发扬优良传统和作风。要将制度建设贯穿于思想建设、组织建设、作风建设当中，通过制度建设来推进思想政治建设、组织建设、作风建设，形成思想政治、组织、作风、制度建设相互促进、相互推进的局面。

2. 强化制度权威，切实落实制度，建立适应新形势要求的

产业工会工作运行机制和工作方式。

要认真学习制度，深入理解制度的价值，充分认识制度的根本性、全局性、稳定性、长期性的重要性质和科学性、规范性、导向性、约束性的基本特点，熟悉各项制度条文，准确把握制度的内涵，为发挥制度作用、保证制度落实打下基础。要严格执行制度，严格按照制度推进产业工会各项工作，及时进行必要控制，尽快纠正偏离制度的行为，切实通过严格执行制度，确保各项制度落到实处。要自觉维护制度，自觉维护制度的权威性和严肃性，将维护制度作为推进产业工会工作的重要着力点，坚持把依靠制度作为产业工会重要的工作方式和运行机制，不断提高产业工会自身建设水平。

3. 在实践中不断丰富、完善制度，推动产业工会自身建设创新发展。

产业工会在长期的发展过程中积累了丰富的经验，也形成了自身建设的一系列基本制度和具体制度，这是产业工会的宝贵财富，必须继承和弘扬。但是，时代是不断发展变化的，新的形势对产业工会制度建设提出了新的课题，同时也提供了制度创新的良好机遇。要注意不断审视制度，通过制度在实践中的实施情况，分析评估、修改、完善制度，使制度更加科学、合理、可行。要具有整体观念，用系统思维审视各项制度建设，努力形成有效制度系统，发挥制度的整体功效。既要认真总结，把握新形势下制度建设的特点，不断丰富完善制度，又要注重制度配套，使各项制度成为一个相互有机联系的整体，发挥整体功效。要尊重职工的主体地位，发挥群众的首创精神。充分发挥职工群众和企业工会的优势和作用，善于发现基层工作亮点，及时总结基层的好做法、好经验，加以升华和推广，形成制度化的工作机制和工作方法；要指导基层从解决实际问题入手，通过研究和反复实践，在实践的基础上形成制度和机制。

第五节　加强产业工会理论研究

党的十九大报告中关于理论创新的重要论述，为广大工会工作者以新的精神状态推进理论创新指明了前进方向、提供了根本遵循。坚持和发展中国特色社会主义，必须高度重视理论的作用，增强理论自信和战略定力。创新是工会永葆生机和活力的源泉，产业工会要始终立足伟大时代、植根生动实践，进行符合时代要求和满足人民愿望的理论创新，为坚持和发展中国特色社会主义贡献更多智慧和力量。产业工会要坚定不移地走中国特色社会主义工会发展道路，就必须努力加强自身改革和建设，大力推进产业工会的理论创新，并在创新中推动中国特色社会主义工会发展道路不断丰富和完善。

要加强对涉及产业工会理论性、实践性问题的专题研究。坚持勇于实践、勤于研究，准确把握新形势下产业工会工作发展规律，提出具有针对性、前瞻性、突破性的思路和办法，注重从制度机制上破解工作中遇到的重点和难点问题，推动产业工会工作理论创新和实践创新。充分发挥我国产业工会的政治优势、组织优势和工作优势，研究借鉴国外产业工会的有益经验，探索形成具有中国特色的产业工会理论研究。

一、加强产业工会理论研究，是做好产业工会工作、提升产业工会整体水平的内在要求

创新是产业工会工作的动力，创新离不开正确的理论指导，创新必须将产业工会理论应用于实践，然后从实践中得出新的认识和经验，进而推进工作的发展。研究产业工会理论，做到理论和实践相结合，是做好产业工会工作的基础。不重视理论

研究和实践，产业工会工作就缺乏明晰的思路和正确的措施。

1. 加强产业工会理论研究，是创新和发展产业工会工作的客观要求。认真研究产业工会理论在实践中的作用，对于丰富产业工会工作知识、思路、方法、措施是非常必要的。

2. 加强产业工会理论研究，是落实产业工会重点工作的迫切需要。要把产业工会工作的各项任务落实好，需要深入学习理论、研究理论，用正确的理论去指导实践。

3. 加强产业工会理论研究，是提高产业工会干部综合素质和工作水平的有效措施。搞好理论研究，可以提高工会干部的思维能力和认识水平，可以提高工会干部的政治敏锐性，可以培养更多学习型、思考型的人才，可以深入认识和把握产业工会工作规律，推动产业工会工作健康发展。

二、加强调查研究，积极推进产业工会理论创新

在进行理论创新的过程中，必须要遵循马克思主义辩证唯物主义方法论。深入研究产业工会面临的重大理论和实践问题，善于对新的实践作出新的理论概括，以理论的发展来反映时代的发展，又以发展的理论来指导实践。以理论创新带动体制创新和工作创新，使产业工会工作更好地体现时代性、把握规律性、富于创造性；明确产业工会的地位和作用，明确产业工会的工作的重点，明确产业工会的活动方式。要研究产业职工队伍构成的新变化，特别是把握产业职工队伍的社会关系、思想动态、心理素质、心理需求，采取新的路径和方法提高服务产业职工群众的能力。

1. 做好调查研究是产业工会理论创新的基础。产业工会工作要一切从实际出发，了解实际情况、研究实际情况、反映实际情况，通过深入细致的调研，找出反映产业工会工作具有规律性的经验和做法，解决产业工会工作中的实际问题，加强产

业工会工作的针对性、实效性，从而把产业工会理论研究紧密地同实际结合起来，与推动产业工会工作结合起来。

2. 深入研究产业工人队伍情况，创新产业工会理论研究。当前，要着重围绕产业工人队伍建设特别是加强和改进产业工人思想政治建设、构建产业工人技能形成体系、创新产业工人发展制度等重点，努力掌握产业发展面临的宏观形势变化、产业结构调整趋势，分析研究本产业工人队伍建设的基本情况，包括规模、结构、权益实现状况等，总结产业工会在提升产业职工素质、维护产业职工权益、畅通产业职工成长渠道等方面的经验和做法，查找存在的问题与原因，提出加强产业工人队伍建设的对策建议，以实践推动产业工会理论研究，充分发挥产业工会理论研究在加强产业工人队伍建设中的重要作用。

3. 产业工会理论研究要善于借助政府部门、行业协会、科研院校等社会资源，同时注重产业工会理论成果的转化应用。

思考题：

1. 我国产业工会的政治性、先进性、群众性主要体现在哪些方面？

2. 产业工会的政治建设应当突出哪些重点内容？

3. 如何在实践中不断丰富完善产业工会工作制度？

附录

全国产业工会简介

一、中华全国铁路总工会

中华全国铁路总工会是中国成立最早的全国产业工会组织之一，是有着光荣斗争历史和优良革命传统的广大铁路职工自己的全国性组织。

中国共产党建立后，对组建全国统一的铁路工会组织十分重视。在1921年11月《中国共产党中央局通告》中指示各区“以全力组织全国铁道工会，上海、北京、武汉、长沙、广州、济南、唐山、南京、天津、郑州、杭州、长辛店各地诸同志都要尽力于此计划”。此后，各地中共负责人如毛泽东在粤汉，刘少奇、李立三在安源，董必武、项英、林育南、陈潭秋在武汉，邓中夏在京汉，何孟雄在京绥，王尽美在胶济，王荷波在津浦，彭真在正太，邓培在京奉，杨殷在广东，袁达时在上海，在铁路工人中做了大量宣传发动和各路工会的组建工作，为全国铁路总工会成立做了思想和组织上的准备。

1922年11月，在中共中央北方局和中国劳动组合书记部北方分部的领导下，全国铁路工人代表会议在北京召开，成立了“全国铁路总工会筹备委员会”，决定于1923年成立全国铁路总工会。筹委会成立后，各地铁路工会组织纷纷建立，已有的工会进行了组织划一，并领导铁路工人进行了多次罢工斗争，从而把中国共产党领导的中国第一次工运高潮推向顶峰。发生在1923年2月的京汉铁路工人“二七”大罢工，是中国共产党领导我国工人阶级和全国人民同帝国主义及其封建军阀直接较量的一次大规模群众运动，是中国工人运动史上最光荣、最伟大的一页。

1923 年 2 月京汉铁路总工会的成立，遭到了帝国主义及封建军阀的血腥镇压，京汉铁路工人惨遭杀戮，工会组织遭到严重破坏，全国铁路处于白色恐怖之中，成立全国铁路总工会的计划因而推迟，但筹委会继续工作。

在“二七”惨案一年后的 1924 年 2 月 7 日，中华全国铁路总工会在北京正式成立，并发表了《全国铁路总工会成立宣言》。从此，铁路工人运动有组织、有领导地蓬勃开展起来。1925 年、1926 年和 1927 年分别在郑州、天津、汉口连续召开了中国铁路工会第二次、第三次、第四次全国代表大会。1927 年 4 月 12 日，蒋介石发动反革命政变，大革命高潮中发展起来的轰轰烈烈的工人运动遭到残酷镇压。铁路工会组织也遭受重创，或被封闭解散，或被迫转入地下。从 1927 年到 1937 年，铁路工会在白色恐怖的历史背景下，艰难求索，继续斗争。工会组织虽然遭受重创，但各种形式的工人团体又组织起来。在北方铁路上，有读书组、读报组、互济会、储蓄会、工人补习夜校、俱乐部、关帝会等组织；在南方铁路上，有施材社、救苦会、兄弟团、友谊社、俱乐部等组织。有些铁路组织了“工厂委员会”，一些站段组织了秘密的赤色工会。通过这些公开的、半公开的和秘密的组织，把铁路工人团结起来，继续进行斗争，并在斗争中壮大了自己的力量，使铁路工人运动走向复兴的道路。1937 年 7 月 7 日“卢沟桥事变”发生后，全国性的抗日战争正式爆发。日本帝国主义的侵略促成了国共两党的第二次合作。中国工人运动因抗日救亡迎来了新的转机。抗日战争期间，处于沦陷区、国统区和抗日根据地的铁路工人，建立了不同形式的工会组织，开展了各种形式的抗日活动。沦陷区的铁路工人建立了“抗日救国会”“抗日互济会”等秘密组织，采取消极怠工、破坏机器、拆毁铁路等斗争形式，给敌伪势力以沉重打击。国统区的铁路工人建立了“抗敌后援会”等组织，配合战事需要，运送部队弹药，捐献钱物，支援前线抗敌。抗日根据地的铁路工会，建立了完善的组织机构，发动铁路工人参加八路军和游击队，参与反“扫荡”战斗和破坏铁路的斗争，成为一支抗日的有生力量。抗日战争胜利后，从东北地区开始，各级铁路工会组织全面恢复。1945 年 8 月 23 日，锦州铁路总工会成立。之后，大虎山、沟帮子、锦西、绥中等地区相继成立了地区铁路工会。从 1947 年初到 1949 年末，中长铁路总工会、牡丹江铁路总工会、西满铁路总工会、吉林铁路总工会筹委会相继成立。到 1949 年末，东北铁路工会的各级组织正式建立完备；随着全国的解放，天津、济南、郑州、太原、上海、衡阳先后建立了铁路管理局，工会组织也同步建立。在中国革命各个历史时期，中华全国铁路总工会带领广大铁路职工，始终站在斗争的最前列，为推翻三座大山、解放全中国作出了巨大贡献，表现了铁路工会和铁路工人一往无前的英雄气概和坚强不屈的革命精神。

中华人民共和国成立前夕，在党中央的关怀下，中华全国总工会作出恢复中华全国铁路总工会的决定。1949 年 6 月 4 日，东北铁路职工总会向全国总工会建议 7 月 1 日中国共产党成立 28 周年之日，召开全国铁路职工临时代表会，成立恢复全国铁路总工会筹备委员会，进行铁路总工会的筹备恢复工作。中华全国总工会批准了这一建议，指定李颉伯负责筹备建立全国铁路总工会的工作，又在 6 月 10 日作出《关于恢复全国铁路总工会的决定》。1949 年 7 月 1 日，全国铁路职工临时代表会议在北平召开，选举产生了中华全国铁路总工会筹备委员会。朱德到会致词。闭会前，毛泽东、朱德、周恩来在怀仁堂接见了全体代表，毛泽东、周恩来分别作了重要指示。在筹委会的组织领导下，铁路工会各项业务工作全面开展起来。

新中国的成立，为铁路工会工作开辟了无比广阔的领域和无限光明的前景。1950 年 2 月 7 日，中国铁路工会第一（五）次全国代表大会在北京召开，选举产生了中国铁路工会全国委员会。全国铁路总工会的恢复，推动了铁路工会工作的发展。动员铁路工人积极投身抗美援朝战争，在残酷的绞杀战中保证了运输线畅通；在铁路工会组织发动的大生产运动中，劳动竞赛高潮迭起，“毛泽东号”“朱德号”等机车组以优异的成绩成为竞赛的排头兵，以满载超轴 50 公里运动为标志的各类先进工作法层出不穷，各条战线的先进人物不断涌现；铁路工会发起的“自建公助”活动解决了职工的住房困难，普遍兴起的“职工消费合作社”满足了职工生活的日常需求，以基层工会为单元的困难救助机制和“职工互助会”为帮助职工解决意外、临时困难起到了保障作用；职工教育受到了普遍重视，正规教育形成体系，业余教育遍地开花，铁路职工队伍的政治觉悟、技术素质、业务能力得到空前提高。在此期间，中国铁路工会分别于 1954 年 4 月 5 日和 1958 年 4 月 7 日在北京召开了第二（六）次、第三（七）次全国代表大会。

1966 年“文化大革命”开始后，铁路工会组织瘫痪，工会工作停止。1973 年 4 月，中共中央下发 17 号文件，转发北京、上海两市召开工会代表大会的请示，指出“工会是工人阶级的群众组织，是无产阶级专政的坚强柱石，是广大工人群众学习共产主义的学校”。《人民日报》发表了《进一步发挥工人阶级的主力军作用》的社论。铁路开始恢复工会组织。1975 年，中共中央下发《关于加强铁路工作的决定》（中共中央 9 号文件）以后，全国铁路各级工会组织进一步整顿恢复，并逐步开展各项活动。

粉碎“四人帮”以后，尤其是中国共产党十一届三中全会召开以来，铁路工会工作与全国各项工作一样，开始了伟大的历史转折。1978 年 10 月 31 日，中国铁路工会第四次全国代表大会在北京召开，经党中央批准，恢复“中华全国铁路总工会”名称，并同意将新中国成立前、后召开的各次全国代表大会连续计算，将本次大会改为第八次全国代表大会。大会选举产生了中华全国铁路总工会第八届委员会。1986 年、1991 年、1996 年、2003 年、2009 年、2015 年，中国铁路工会在北京先后召开了第九次、第十次、第十一次、第十二次、第十三次、第十四次全国代表大会。在新的历史时期，中华全国铁路总工会坚持走中国特色社会主义工会发展道路，履行职责，维护职工合法权益，践行“人民铁路为人民”的宗旨，在培育有理想、有道德、有文化、有纪律的“四有”职工队伍，推进现代化建设中作出了杰出的贡献，形成了新时期火车头精神，其核心内容是：开拓进取、务实创新的改革精神；顾全大局、敬业爱岗的奉献精神；艰苦奋斗、敢打硬仗的拼搏精神；敢为人先、勇创一流的争先精神。新时期火车头精神是铁路职工“先行官”精神、“排头兵”精神、“开路先锋”精神的高度概括，是铁路企业精神的核心内容，是铁路的路魂。自中国铁路工会十三大以来，各级铁路工会从铁路企业的实际出发，自觉围绕中心，主动服务大局，切实做好党政所需、职工所急、工会所能的工作，在发挥职工的工人阶级主力军作用、推动铁路科学发展、促进运输生产安全上，在加强厂务公开民主管理、推进基层民主政治建设上，在维护职工合法权益、关心职工生产生活和搞好“三不让”（不让一名职工家庭生活在贫困线以下，不让一名职工子女上不起学，不让一名职工看不起病）帮扶救助工作促进职工队伍稳定上，在提高职工队伍素质、促进企业文化建设上，积极探索、大胆实践，坚持走中国特色社会主义工会发展道路，为推进全国铁路科学发展和转变发展方式，发挥了应有的、积极的作用，作出了新的贡献。

2000 年 9 月，中铁工程、中铁建筑等 6 大公司从原铁道部剥离，整体移交中央企业工委管理，但工会组织仍隶属中华全国铁路总工会。2005 年 3 月 18 日，铁路实施铁路局直接管理站段体制改革，铁路分局撤销。铁路总工会及时下发通知，修改了《中国铁路工会组织办法》。2013 年 3 月 14 日，铁路进行管理体制改革、实行政企分开，不再保留铁道部，组建国家铁路局和中国铁路总公司。中华全国铁路总工会设在中国铁路总公司。2017 年 11 月 19 日，中国铁路总公司推进铁路局公司制改革，所属 18 个铁路局全部改为局集团有限责任公司，中华全国铁路总工会所属各铁路局工会同时更名为局集团有限责任公司工会。

近年来，特别是党的十八大以来，中华全国铁路总工会在中华全国总工会和中国铁路总公司党组的正确领导下，认真学习贯彻习近平总书记系列重要讲话精神特别是关于工人阶级和工会工作的重要论述，按照《中共中央关于加强和改进党的群团工作的意见》要求，围绕国家统筹推进“五位一体”总体布局、协调推进“四个全面”战略布局和实现中国梦，切实服务铁路改革发展大局，在始终坚持党的领导，坚定不移走中国特色社会主义工会发展道路；激发广大职工活力，凝心聚力建功立业；维护职工合法权益，构建和谐劳动关系；坚持以职工为本，改善职工生产生活条件；加强职工文化建设，丰富职工文化生活；坚持改革创新，增强工会组织生机与活力等方面作出了积极贡献。

中华全国铁路总工会现有会员 390 万人，直属工会组织 29 个。其中，单位隶属中国铁路总公司的工会 24 个（含铁路局集团有限公司等运输企业工会 21 个、科研设计企业工会 2 个，中国铁路总公司直属机关工会 1 个），单位隶属国资委管理的大型企业工会5个。

中华全国铁路总工会实行中国铁路总公司党组和中华全国总工会双重领导，以中国铁路总公司党组领导为主的领导体制。

二、中国民航工会

中国民航工会全国委员会是全国产业工会组织，负责领导和指导全国民航系统工会工作。从1950年最初组建起，中国民航工会一直设在民航局内，接受民航局党组和中华全国总工会双重领导，以民航局党组领导为主。随着民航管理体制的变动，中国民航工会历经起伏：1950年12月成立，1953年9月撤销；1957年恢复，1960年8月又撤销；1981年再度恢复。此后，中国民航工会迈入了稳步发展的阶段。1983年7月，中国民航工会第一次全国代表大会召开，选举产生了中国民航工会第一届全国委员会。1990年，根据中华全国总工会批示，中国民航工会第二届全国委员会按联合制、代表制原则组建，此后的历届委员会均按此原则组建。2014年10月，中国民航工会第六届全国委员会成立，共有委员61名，委员单位涵盖各大航空公司、机场、空管、服务保障企业及地区管理局等民航局直属机关和事业单位，具有广泛性和代表性。

民航工会目前直接领导37个二级单位工会，大致可划分为三个板块：一是民航局直属的7个地区管理局工会及17个企事业单位工会；二是国务院国资委监管的6家中央企业（中航、东航、南航、中航信、中航油、中航材集团公司）工会；三是地方政府所属或控股的机场集团（上海、广东）以及部分规模较大的航空公司（海南、山东、四川、深圳、厦门航空公司）工会。根据产业和地方相结合的组织领导原则及全总《关于调整民航系统工会领导关系有关问题的意见》，前两个板块以民航工会领导为主、地方工会领导为辅，第三个板块以地方工会领导为主、民航工会领导为辅。

总体来看，当前民航产业工会组织体系比较健全、顺畅，各项工作机制运转有效，基本适应民航现行管理体制及职工队伍发展状况。据统计，截至 2015 年 12 月，全行业共建立基层工会委员会 1178 个，建会率 98.7%，工会会员 60 万，职工入会率 95%，共有专兼职工会干部 8353 名。

近年来，民航工会坚持在民航局党组和全国总工会的领导下，认真学习贯彻习近平总书记系列重要讲话精神，深入落实中央党的群团工作会议和全国产业工会工作会议精神，紧紧围绕民航局“一二三三四”总体工作思路和安全、改革、发展等中心工作，全面履行工会各项职能，突出维护和服务基本职责，加强职工队伍建设，团结动员广大职工为推进民航强国建设发挥主力军作用。一是持续开展具有鲜明行业特点的劳动和技能竞赛，为广大职工搭建展示技艺、提升技能、拓展职业发展的平台。加强劳模表彰和宣传、服务工作，推进劳模创新工作室创建工作，充分激发职工积极性、主动性和创造性；扎实开展“安康杯”竞赛，深入推进班组“三优创建”活动，打牢民航安全发展基础。二是加强职工队伍思想政治引领。坚持以社会主义核心价值观为统领，大力弘扬劳模精神、工匠精神和当代民航精神；通过开展劳模大讲堂、“民航人的除夕夜”微摄影、“真情服务故事汇”等系列主题活动，加强职工理想信念教育和职业道德教育，不断激发和汇聚起强大的正能量。三是坚持普惠性和精准化相结合，建立健全服务职工长效机制。调减基层工会经费上解比例，制定对下专项补助办法；大力支持基层工会添置改善服务职工场所设备设施，建设爱心妈妈小屋，扎实做好“送温暖”“送凉爽”及女职工大病互助等传统帮扶项目；主动适应“互联网 +”趋势及职工需求变化，建设“民航职工电子书屋”，开通“民航职工心理关爱服务”微信公众号。

越来越多的职工感受到了工会“职工之家”的温暖和“娘家人”的贴心，不断增强获得感和幸福感。四是深化改革创新，强化协同联动，不断加强自身建设。按照增强“三性”、去除“四化”、做强基层、着力创新的整体思路，扎实推进工会改革；增加民航工会全委会、常委会中劳模和一线职工代表名额，所占比例均达13%以上，进一步增强了代表性；组织开展集体协商工作、女职工工作及飞行员、管制员队伍状况等多项专题调研，选派年轻机关干部下基层挂职交流，深入了解掌握基层工会工作实情和职工队伍新变化；严格履行全面从严治党政治责任，持续推进“两学一做”学习教育常态化制度化，不断增强“四个意识”，牢固树立“四个自信”，坚决维护党中央权威和集中统一领导；加强制度建设，强化工会财务管理和经费审查审计，形成了办事有制度、花钱有标准、执行有程序、管理有规范的工会工作管理体系。

三、中国金融工会

中国金融工会是我国金融行业银行、证券、保险系统的全国产业工会组织。中国金融工会成立于1951年10月。1953年8月，中华全国总工会对当时23个全国产业工会进行调整，将中国金融工会合并到中国财贸工会。1956年1月，中华全国总工会七届四次执委会议作出《关于加强产业工会工作的决议》。根据决议，中国人民银行党组向中华全国总工会提出恢复中国金融工会工作委员会的建议。同年9月，经中华全国总工会研究同意，中国金融工会正式恢复。1958年8月，中华全国总工会根据中央成都会议精神，对全国产业工会再次进行调整，中国金融工会再次被合并到中国财贸工会。1979年4月，中国人民银行和中华全国总工会联合发出了《关于恢复和建立全国各级银行工会的通知》，成立了全国银行工会领导小组，1982年改为全国银行工会工作委员会。1985 年 2 月，全国银行工会工作委员会恢复名称为中国金融工会工作委员会。1992 年，中国金融工会选举产生第一届全国委员会。1999 年 10 月，中央金融工作委员会和中华全国总工会联合发出通知，明确中国金融工会接受中央金融工委和中华全国总工会的双重领导，以中央金融工委领导为主。2007 年 3 月，中华全国总工会《关于明确中国金融工会组织领导关系的通知》，明确中国金融工会是实行垂直领导的全国性产业工会，是金融系统各级工会组织的领导机关，实行中国银监会党委和中华全国总工会双重领导，以中国银监会党委领导为主。2009 年 6 月，中国金融工会召开第三届全国委员会第一次全体会议，选举产生了新一届领导班子，同时，经中国银监会党委批准成立中国金融工会党组。截至 2015 年 12 月，中国金融工会共有 32 家会员单位（包括人民银行、银监会、证监会、保监会及银行、证券、保险等金融机构，共有 380 余万职工）。

中国金融工会在金融系统党组织和中华全国总工会的领导下，紧紧围绕国家经济建设中心，团结动员广大金融职工，以主人翁姿态积极投身于金融业务工作，广泛组织职工开展社会主义劳动竞赛和文明优质服务竞赛活动，涌现出了一大批先进模范单位和个人。1986 年受到表彰的全国金融系统劳动模范和先进集体代表，在人民大会堂受到了党和国家领导人的接见。

同时，各级工会组织认真履行教育职能，不断提高金融职工的思想政治素质和科学文化水平，涌现出了智呼声、李向党、金颖颖等模范人物。随着金融体制改革的不断深化，各级工会积极推进基层单位职代会建设，促进金融系统民主管理工作。通过各级工会的积极努力，目前基层大部分单位逐步形成了比较规范、有效的职工代表大会制度。

党的十八大以来，中国金融工会坚持与以习近平同志为核心的党中央保持高度一致，带领广大职工听党话、跟党走，秉持服务中心、服务基层、服务职工的宗旨，深入开展劳动竞赛活动，通过有效组织业务技能比赛，不断提升职工业务素质，形成了“党委领导、行政支持，工会搭台、业务唱戏，劳模引领、职工受益”劳动竞赛新格局，发现培养了一大批“岗位能手”“业务尖子”和“行业领军人物”；扎实推动职代会民主管理制度建设，不断加大维权机制建设的推进力度，依法推动金融企业建立工资集体协商和集体合同制度，深入开展劳动关系和谐企业创建活动，促进社会和谐稳定；推进关爱帮扶工作和送温暖活动的科学化、制度化、常态化；深入开展“职工之家”建设，努力把“职工之家”建成民主建设之家、学习提高之家、文化活动之家和人文关怀之家；坚持政治性、先进性、群众性，积极推进金融系统职工文化建设；努力加强作风建设，力戒机关化、行政化、娱乐化、贵族化倾向；加强调查研究，及时了解职工群众所思、所盼、所忧，不断增强工会工作针对性和实效性；逐步建立健全联系职工、服务职工的工作制度，提高工会工作的科学化、规范化工作水平。

四、中国教科文卫体工会

中国教科文卫体工会是我国教育、科技、文化、卫生、体育系统的全国产业工会组织。中国教科文卫体工会的前身是中国教育工会。1949 年 10 月 11 日，刘少奇同志在全国文化教育工作者座谈会上指出，工人阶级中包括体力劳动者和脑力劳动者，如小学教员、大学教授、工程师等都是脑力劳动者，都是依靠薪水生活的，因此也是工人阶级的一部分，都可以参加工会。在党中央的直接关怀下，1950 年 4 月成立了中国教育工会工作委员会。1950 年 8 月 2 日至 11 日，中国教育工会第一次全国代表大会在北京召开，宣告了中国教育工会全国委员会的正式成立。政务院总理周恩来、副总理郭沫若出席大会并讲话，吴玉章当选为主席。1956年8月召开了中国教育工会第二次全国代表大会，国家副主席朱德接见了全体代表，吴玉章再次当选为主席。会议提出了向文化进军、向科学进军的号召。由于反右扩大化的影响，自1958年起，中国教育工会仅有对外交流的职能，国内工作基本处于瘫痪状态。“文革”开始后，中国教育工会被迫停止活动，直到1979年才得以恢复。此后，于1987年4月召开了中国教育工会第三次全国代表大会，中共中央政治局委员、国务院副总理李鹏出席会议并代表党中央、国务院讲话。1993年4月召开了中国教育工会第四次全国代表大会，中央政治局委员、国务院副总理李岚清出席会议并讲话，全国人大常委会副委员长、中华全国总工会主席倪志福，全国人大常委会副委员长、中华全国总工会副主席李沛瑶出席会议。1998年召开中国教育工会第五次全国代表大会，中央政治局常委、书记处书记、中华全国总工会主席尉健行，全国人大常委会副委员长许嘉璐出席会议。

改革开放后，迅速得到恢复的教育工会各级组织，广泛动员和组织教职工积极参与改革，支持改革；大力宣传和贯彻党的知识分子政策，促进广大教师的社会地位和政治地位的提高；广泛组织教职工参与学校民主管理，大力推行教职工代表大会制度和校务公开制度；大力开展对农村教师家属扶贫和丰富多彩的暑期活动；积极参与对侮辱、殴打和伤害教师事件的处理，倡导建立教师节，促进全社会尊师重教；加大源头参与和源头维护力度，参与《教育法》《教师法》《高等教育法》和其他法律法规的调研和起草；大力开展“教书育人，为人师表”活动，大力表彰先进工作者，弘扬人民教师的无私奉献精神；积极开展教工住房、工资、医疗情况的调查，多渠道反映教职工的呼声和愿望，维护教职工的合法权益。

2001年11月，根据中华全国总工会机构改革的部署，中国教育工会扩建为中国教科文卫工会，负责全国教育、科技、文化、卫生、体育系统的工会工作。2002年2月，中国教科文卫工会在北京召开第一次全国代表大会，选举产生了新组建的全国委员会领导班子。2003年，中华全国总工会将中国教科文卫工会改名为中国教科文卫体工会。各省、自治区、直辖市均设有教科文卫体（教育、科技、文化、卫生、体育）工会，共有会员近2700万人。

中国教科文卫体工会是一个以知识分子为主体的特殊产业工会。自成立的第一天起，中国教科文卫体工会就大力推进教（职）代会和校（院、所）务公开的制度化和规范化建设，特别是推进教代会民主评议学校领导干部，开展教代会、校务公开大检查；大力开展调查研究，及时反映职工群众的思想、愿望和要求；积极参与涉及本产业职工切身利益的政策、措施、制度和法律、法规的制定，定期与教育部、科学技术部、文化和旅游部、国家卫生健康委员会、国家体育总局召开联席会议，共同研究推进相关工作，依法维护职工合法权益；积极参与劳动争议的协调和处理，维护职工队伍的稳定；组织和引导本产业职工开展劳动技能竞赛等建功立业活动，不断提高职工队伍素质；广泛开展师德、医德、艺德等职业道德建设，大力弘扬劳模精神、劳动精神、工匠精神；积极开展工会干部培训，不断提高干部素质和业务水平。这些大量卓有成效的工作，使教科文卫体工会各项工作得到进一步的拓展和提升，凝聚力和影响力得到了进一步的增强。

五、中国海员建设工会

中国海员建设工会是我国水运、公路运输、建筑、城建系统的全国产业工会组织。中国海员建设工会是在2001年由原中国海员工会、中国公路运输工会和中国建设建材工会中的建筑、城建系统部分组建而成的。

中国海员工会是有着悠久历史和光荣传统的产业工会。1921年4月6日，在苏兆征、林伟民等一大批海员工人运动先驱的不懈努力和积极筹建下，中华海员工业联合总会（中国海员工会的前身）在香港诞生，是中国成立最早的全国性产业工会。1949年12月18日，中国海员工会在北京召开了各地海员工会代表会议。会议在刘少奇、李立三同志的亲自指导下，成立了中国海员工会筹备委员会。1955年4月4日至15日，在北京召开了中国海员工会第二次全国代表大会。“文革”开始后，中国海员工会停止活动，1978年恢复活动。1992年，在北京召开了中国海员工会第三届全国委员会第一次全体会议。1997年3月，中国海员工会在北京召开第四届全国委员会第一次全体会议。

中国海员工会成立后，团结组织海员工人为推翻“三座大山”、实现民族解放和独立，进行了长期不屈不挠、艰苦卓绝的斗争，成为中国革命的一支重要力量。新中国成立后，中国海员工会积极参与涉及行业职工切身利益问题的调研和政策制定，广泛开展劳动竞赛、合理化建议等群众性经济技术活动，推进行业集体协商、参与国际工会事务，为我国水运事业的发展、稳定作出了重要贡献。

中国公路运输工会的前身是中国搬运工会。1949年12月开始筹建中国搬运工会全国委员会，并于1950年1月在北京召开了中国搬运工会第一次全国代表大会。1953年10月，中国搬运工会全国委员会更名为中国公路运输工会全国委员会。1958年1月27日至2月3日，中国公路运输工会在北京召开第二次全国代表大会。“文革”开始后，中国公路运输工会停止活动，1978年恢复活动，与中国海员工会合署办公。

中国公路运输工会成立后，积极组织职工进行生产自救，克服经济困难；开展反封建把头的政治斗争；开展行业特点鲜明、形式多样的社会主义劳动竞赛；不断改善行业职工的劳动生活条件，解决职工具体生活困难，为我国公路运输行业的发展和国家的经济建设作出了重要贡献。

中国建设建材工会的前身是中国建筑工会。1951 年 6 月，中国建筑工会工作委员会成立。1956 年 7 月，中国建筑工会召开第一次全国代表大会。1958 年 2 月，根据国务院所属机构的变动情况，中华全国总工会将原来中国重工业工会的建筑材料工会业务划归中国建筑工会。“文革”开始后，中国建筑工会停止活动，1979 年恢复活动。1986 年 2 月，中国建筑工会全国委员会更名为中国城建建材工会全国委员会。1991 年 5 月，中国城建建材工会更名为中国建设建材工会全国委员会。1991 年 12 月中国建设建材工会在北京人民大会堂召开第二届全国委员会第一次全体会议。1996 年 12 月中国建设建材工会在北京召开第三届全国委员会第一次全体会议。

中国建筑工会成立后，整顿建筑队伍为工业化建设服务；帮助职工克服暂时经济困难；开展创全优工程竞赛、公交优质服务竞赛；推动改善环卫、公交职工、建筑业农民工的劳动生活条件，促进提高政治经济待遇，为国民经济的发展作出了重要贡献。

2001 年 1 月，根据中华全国总工会机构改革的部署，中国海员工会、中国公路运输工会、中国建设建材工会中的建筑、城建部分组建为中国海员建设工会，负责全国水运、公路运输、建筑、城建系统的工会工作。2003 年 3 月，中国海员建设工会第一届全国委员会第一次全体会议在北京召开，选举产生了新的领导班子。

中国海员建设工会对应交通运输部、住房和城乡建设部，工作范围涉及第二产业的建筑业、第三产业的交通运输业和城市公用事业，具体包括：远洋及内河运输、港口、海事、救捞、船检，公路管理与养护、道路运输、建筑，仓储，地铁、出租车、环卫、燃气、园林、供排水等20多个行业。共有从业人员9380多万，其中，水运系统200多万，公路系统3000多万，建筑系统5180多万，城建系统1000多万。截至2016年底，共有基层工会组织216317个，职工29258878人，工会会员27818718人。

中国海员建设工会成立以来，根据行业及职工的特点和实际，大力推进工会组建工作。配合地方工会积极把农民工吸收到工会组织中；积极适应结构调整和企业改制的变化，推动和加强大企业集团工会工作；推动出租车企业建立工会。加强源头参与，代表海员参与国际海事劳工公约和国内海员法规的制定。积极构建行业和谐劳动关系。与原建设部、中国建筑业协会建立了全国第一个行业劳动关系三方会议制度；与交通部、中国船东协会建立了全国海上劳动关系三方协调机制，与有关部委开展出租车行业和谐劳动关系创建活动。开展行业集体协商，签订了全国第一个全行业集体协议——《中国船员集体协议》。推动工会群众性安全生产工作，对从业人员实施劳动保护、工伤保险和意外伤害保险工作；在全国水运系统开展“船舶班组安全竞赛”。深入开展具有行业特点的职工经济技术创新活动。与交通运输部、相关协会共同开展春运“情满旅途”优质服务活动，中国海员大比武活动，养路筑路、汽车驾驶维修行业职业技能大赛，道路运输从业人员素质提升工程、安全行车百万公里驾驶员劳动竞赛，交通基础设施重点工程劳动竞赛；在建筑业开展为期五年的全国保障性安居工程建设劳动竞赛。弘扬劳模精神，表彰先进。参与“感动交通十大年度人物”评选宣传活动；连续推出在社会上产生广泛影响的行业优秀代表陈德华、许振超、陈刚毅、孔祥瑞、林鸣、余瑞清等先进模范人物。重视国际合作，积极参与国际劳工事务和海事活动；指导国际海员俱乐部的海员工作。目前，与世界上一些国家和地区产业工会建立了交流、合作关系，扩大了中国海员建设工会在国际上的影响。中国海员建设工会不断加强自身建设，并注重从工作职责、组织体制、工作内容、工作方法上积极探索具有中国特色的产业工会工作新途径。

六、中国能源化学地质工会

中国能源化学地质工会是中华全国总工会领导下的我国煤炭、电力、石油、石化、化工、医药、国土资源系统的全国产业工会组织，由中国能源化学工会更名而来。中国能源化学工会在原中国煤矿地质工会、中国水利电力工会、中国石油化工医药工会基础上组建而成。

中国煤矿地质工会是由中国煤矿工会和中国地质工会合并组成。合并前的中国煤矿工会于 1950 年 11 月 15 日在北京召开了第一次会员代表大会。合并前的中国地质工会成立于 1952 年 4 月，1956 年 5 月 11 日在北京召开中国地质工会全国代表大会。1982 年 7 月，中国煤矿工会和中国地质工会合并，组成中国煤矿地质工会。

中国水利电力工会前身是中国电业工会，成立于 1950 年 1 月，同年 7 月在北京召开第一次全国代表大会。1958 年 2 月，水利系统工会划归电业工会，同年 3 月，更名为中国水利电力工会。

中国石油化工医药工会由中国石油工会和中国化学工会合并组成。合并前的中国石油工会始建于 1955 年 12 月，翌年 2 月召开第一次代表大会。合并前的中国化学工会于 1950 年开始筹备，1953 年 8 月，中国化学工会筹备委员会与中国五金冶炼工会筹备委员会合并为中国重工业工会，1980 年初，成立中国化学工会。1982 年 7 月，中国石油工会和中国化学工会合并为中国石油化工工会，1990

年9月底，医药系统工会并入，更名为中国石油化工医药工会。

2001年11月，根据中华全国总工会机构改革的部署，在原中国煤矿地质工会、中国水利电力工会、中国石油化工医药工会基础上组建成中国能源化学工会。2001年12月26日，在北京召开了中国能源化学工会第一届全国委员会第一次全体会议。2016年7月，中国能源化学工会更名为中国能源化学地质工会。2017年2月17日，在北京召开了中国能源化学地质工会第四届全国委员会第一次全体会议，选举产生了新一届领导班子。

中国能源化学地质工会对应的主要产业部委、行业协会、中央企业有：自然资源部、国家能源局、国家中医药管理局、国家海洋局、国家测绘地理信息局、国家煤矿安全监察局；中国煤炭工业协会、中国电力企业联合会、中国石油和化学工业联合会；国家能源投资集团有限责任公司、中国中煤能源集团有限公司、中国煤炭科工集团有限公司、国家电网有限公司、中国南方电网有限责任公司、中国华能集团有限公司、中国大唐集团有限公司、中国华电集团有限公司、国家电力投资集团有限公司、中国长江三峡集团有限公司、中国电力建设集团有限公司、中国能源建设集团有限公司、中国石油天然气集团有限公司、中国石油化工集团公司、中国海洋石油集团有限公司、中国化工集团有限公司、中国中化集团有限公司、中国医药集团有限公司、中国化学工程集团有限公司、华润医药集团有限公司等。根据中国工会组织原则，全国能源化学地质系统工会实行产业与地方相结合的组织领导体制，以地方工会领导为主，同时接受中国能源化学地质工会领导。

中国能源化学地质工会在中华全国总工会的领导下，认真落实中央党的群团工作会议精神、全总机关改革要求和全国产业工会工作会议部署，坚定不移走中国特色社会主义工会发展道路，积极推进产业工人队伍建设改革，大力弘扬劳模精神、劳动精神、工匠精神，叫响做实“大国工匠”品牌。建设“书香社会”，推动“全民阅读”，做大做实“职工书屋”品牌，提升广大职工技术技能水平和创新发展能力。围绕“十三五”规划任务全面落实，动员广大职工满腔热忱投身“当好主人翁、建功新时代”主题劳动和技能竞赛，推动竞赛由传统工种向新兴工种拓展，由“精英赛”向“全员赛”转变，由“示范赛”向“普遍赛”延伸，大力打造劳动和技能竞赛特色品牌。深化“创建学习型组织、争做知识型职工”活动，推进企业普遍建立劳模和工匠创新工作室，广泛开展“岗位创新创效创优·工人先锋号在行动”活动。构建全方位服务职工体系，积极实施产业工会“互联网 +”职工服务体系行动。建立健全以职工代表大会为基本形式的企事业单位民主管理制度，推进厂务公开、业务公开，落实职工群众知情权、参与权、表达权、监督权。以“四个一”（一片心、一叠卡、一张网、一个家）为抓手，做好精准帮扶和脱贫解困工作，打造精准化帮扶服务品牌。拓展工会工作新领域，明确组织建设新要求，发挥传统载体新优势，充分发挥能源化学地质产业特色，创新发展产业工会工作，在工会工作大局中彰显独特优势。

中国能源化学地质工会系统内企事业单位约 9.8 万个，职工 1879 万人，工会会员 1825 万人。

七、中国机械冶金建材工会

中国机械冶金建材工会是我国机械（包括汽车制造）、钢铁、有色、黄金、建材系统的全国产业工会组织。中国机械冶金建材工会的建立发展有一个演变过程。1920 年 11 月 21 日，上海机器工会成立，这是中国工人阶级的第一个产业工会。1949 年 10 月，中华全国总工会批准成立了五金工会工作委员会，负责全国的机械、冶金行业的工会工作。1950 年 12 月，中国机器制造业工会筹备委员会成立，1952 年 9 月，更名为中国第一机械工会筹备委员会，1955 年 8 月正式成立中国第一机械工会。1958 年中国第一机械工会同负责国防工业工会工作的中国第二机械工会合并组成中国机械工会。“文革”期间，中国机械工会被迫停止活动。1979 年初中国机械工会恢复工作，1979 年 9 月国防行业分出。1950 年 4 月，中华全国总工会批准成立中国钢铁冶炼工会工作委员会。1954 年 8 月，成立了包括冶金、建材、化工行业在内的中国重工业工会。1958 年 2 月，中华全国总工会将原来中国重工业中的建材行业划归中国建筑工会。1986 年 2 月，中国建筑工会更名为中国城建建材工会，“文革”时停止活动。1980 年 2 月，成立了包括钢铁、有色金属、黄金行业在内的中国冶金工会。1982 年 8 月，中国机械工会和中国冶金工会合并成立中国机械冶金工会。2000 年，全总党组研究制定《中华全国总工会机关机构改革方案》，驻会全国产业工会由 13 个调整为 7 个，中国机械冶金工会与中国建设建材工作部合并，成立了中国机冶建材工会，成为保留的 7 个之一。2016 年 7 月，中国机冶建材工会更名为中国机械冶金建材工会。中国机械冶金建材工会的领导机构是按照联合制、代表制原则，由所属基层工会负责人、地方产业工会主要负责人、劳模和一线职工代表、国家有关行业协会负责人等共同组成的全国委员会（以下简称全委）。全委设立常委会，在全委会议闭会期间履行全委会的职责，承担决策责任。常委会由主席、副主席、常务委员会委员组成。目前，全委共有委员 200 名，其中，主席 1 名，副主席 4 名（含 2 名兼职），常委 45 名。全委机关设机械、钢铁、有色金属、建材 4 个工作部和办公室。

中国机械冶金建材工会全系统涵盖的机械（包括汽车制造）、钢铁、有色、黄金、建材五大行业，均为我国国民经济的基础性和支柱性产业。从业人员 5000 多万，企业数 29.66 万，工业增加值约占 GDP 的 12%。据《中国工会统计年报 2016》数据显示，机械冶金建材行业已建工会组织 252496 个，其中独立基层工会组织 243208 个，联合基层工会 9288 个；已建工会企业职工人数 30090567 人，其中女职工 8768129 人，农民工 14819071 人（女性农民工 4299589 人）。

中国机械冶金建材工会成立以来，坚持以马克思列宁主义、毛泽东思想、邓小平理论、“三个代表”重要思想、科学发展观、习近平新时代中国特色社会主义思想为指导，坚持不懈强化理论武装，坚定不移走中国特色社会主义工会发展道路。牢固树立五大发展理念，自觉把工会工作放在“四个全面”战略布局和“五位一体”总体布局中去思考、定位和把握，充分履行忠诚党的事业、竭诚服务职工的使命和担当。中国机械冶金建材工会教育和引导广大职工牢固树立社会主义核心价值观，坚定不移地听党话、跟党走。面对行业发展的严峻形势和供给侧结构性改革步伐的加快，进一步发挥群众工作优势，将全面深化改革的决策部署和重大意义向职工讲清、讲深、讲透，通过收录劳模事迹，编印《“中国梦·劳动美”中国机冶建材行业模范实践者》，举办摄影、微电影比赛，拍摄《大国工匠》专题片和在《工人日报》开辟专栏等方式引导职工理解改革、拥护改革、参与改革，唱响“中国梦·劳动美”的主旋律，打造“大国工匠”品牌。中国机械冶金建材工会大力加强产业工人队伍建设，团结动员广大职工在深化改革和建设发展中发挥主力军作用。深入实施职工素质建设工程，发挥劳模创新工作室、“首席技师”“首席员工”的示范作用，广泛开展职工技能培训、岗位练兵和技术创新活动，努力打造知识型、技能型、创新型产业工人队伍。2013 年至 2017 年，累计组织开展了 54 个工种的行业技能比赛，有 26 名选手被推荐获得全国五一劳动奖章，146 名被授予全国技术能手，593 名被授予行业技术能手。命名了 25 个系统示范性劳模创新工作室、191个劳模创新工作室，选树李斌等26位行业金牌工人和285个行业模范班组。以邯钢、莱钢为龙头，搭建的“职工技能培训与岗位练兵在线平台”，已导入50个工种15万道试题，参与企业45家、职工约20万人，累计闯关600余万人次。开展有色行业班组长技能比赛，与中国机械工业质量管理协会共同评选了1656个QC小组、325个质量信得过班组。中国机械冶金建材工会以推进全面依法治国为契机，自觉运用法治思维和法治方式，以劳动就业、工资分配、社会保障和劳动安全卫生为重点，大力推动劳动法律法规的健全和实施，促进了职工权益实现、企业发展和社会稳定。《关于钢铁煤炭行业化解产能及职工队伍状况的调查报告》，得到张高丽、李建国同志的重要批示，引起了国家有关部门的高度重视。同时，各地方产业工会和企业工会也围绕劳务派遣用工规制、企业改组改制、职工分流安置、城市功能疏解等问题开展调研。据不完全统计，全系统企业职工五年平均工资年均增长约8.5%；委员单位落实养老保险、医疗保险和工伤保险的覆盖率均为100%，落实失业保险、生育保险和住房公积金的覆盖率分别为99.3%、92.5%和92.4%，职工的职业安全卫生权益得到切实保护和尊重。中国机械冶金建材工会以职工需求为导向，努力构建线上线下相结合的服务职工体系，做好精准帮扶工作与普惠性服务的有机整合和同步升级优化，努力增进职工群众的获得感。下发了《关于做好机械冶金建材系统企业工会服务职工工作的指导意见》，推动帮扶中心（站、点）在一大批大中型企业建立并形成长效帮扶机制。2013年至2017年，全委共发放专项帮扶资金和送温暖慰问资金1260万元。有50个基层工会和班组被全委推荐授予全国模范职工之家和全国模范职工小家荣誉称号。中国机械冶金建材工会加强工会组织自身建设，着力夯实基层基础。认真开展党的群众路线教育实践活动、“三严三实”专题教育和“两学一做”学习教育，全面学习贯彻落实党的十九大精神。在工会试点改革工作中，学深、吃透、用活《新时期产业工人队伍建设改革方案》，及时制定出台《中国机械冶金建材工会全国委员会委员提案办理办法》等四项制度，增选2名兼职副主席，提高非公企业、一线职工和劳模的委员比例至9%以上，有效提升行业代表性和广泛性。在转变工作作风、推动资源向基层倾斜、推动工作重心下移、做强工会网上平台等环节出实招、办实事，努力推动改革措施取得实效。加强干部队伍能力建设，坚持每年举办系统工会干部培训班，开展送教下基层活动20余批次，累计培训工会干部5000余名。参加第102届国际劳工组织大会，与世界多个国家的对应产业工会组织保持着友好往来与广泛的合作交流关系。

八、中国国防邮电工会

中国国防邮电工会全国委员会是我国国防、邮政、电信、电子信息系统的全国产业工会组织。2001年11月，根据中华全国总工会机构改革的部署，中国国防邮电工会在原中国国防工业工会、中国邮电工会基础上组建而成。国防邮电产业是我国国民经济的重要组成部分，是国家重要的战略性、基础性、支柱性、前导性产业，具有以国有经济为主体、组织化程度较高、产业职工相对集中、自主创新能力强、科研生产体系健全等显著特点，担负着增强综合国力、服务国家经济发展的重要使命。

中国国防工业工会的前身是中国兵工工会工作委员会。1950年6月召开中国兵工工会第一次全国代表大会，成立了中国兵工工会全国委员会。1953年改名为中国第二机械工会全国委员会。同年11月和1956年12月先后召开中国机械工会第二次、第三次全国代表大会。1958年2月，中国第二机械工会与中国第一机械工会合并为中国第一机械工会，1960年改名为中国机械工会。1965年国防工业工会从中国机械工会分出，建立中国国防工业工会工作委员会，“文革”开始后停止活动，1979年恢复活动。1983年改名为全国总工会国防工业工会工作委员会。1991年改名为中国国防工业工会全国委员会。1991年5月、1996年6月分别召开中国国防工业工会第四届、第五届全国委员会第一次全体会议。

中国国防工业工会成立后，紧密结合产业实际，广泛组织开展跨行业、跨地区的劳动竞赛、“第二次”创业劳动竞赛、合理化建议等活动。在职工中进行四项基本原则教育、法治教育、国防教育、革命传统教育和形势任务教育。参与产业部委的政策性决策，调查研究，总结典型，推广经验，建立企事业工会代表联席会议制度、工作联系制度，在国防科技工业的调整发展和促进社会稳定中发挥了重要作用。

中国邮电工会成立于1950年。1949年成立了中华全国邮政总工会和电信总工会两个筹备组，于1950年3月分别召开全国代表大会，联合选举产生了中国邮电工会全国委员会。1953年、1957年先后召开第二次、第三次全国代表大会。其间实行以产业工会领导为主的组织领导体制，1958年以后变产业工会垂直领导为联系指导。“文革”期间，中国邮电工会停止活动。1979年中国邮电工会恢复活动，1991年恢复以产业工会领导为主的领导体制。1985年、1991年、1996年分别召开中国邮电工会第四次、第五次、第六次全国代表大会。

中国邮电工会成立后，结合邮电产业的特点开展了“邮电一条龙协作”“局际同工种竞赛”“增产节约和合理化建议”等活动；总结推广了“郭秀云操作法”“许兴柱长途线路维护工作法”“京、津投递经验”等先进工作法；注重源头参与工作和民主管理工作，广泛开展了建设“职工之家”活动；关心职工生活，帮助职工解决生产生活中存在的问题。1986年、1991年、1996年，与邮电部共同召开了三次劳模表彰大会。

2001年11月，根据中华全国总工会机构改革部署，组建中国国防邮电工会全国委员会，负责全国国防科技工业、邮政、电信、电子信息系统的工会工作。2002年1月召开中国国防邮电工会第一届全国委员会第一次全体会议，选举产生了中国国防邮电工会领导班子。2007年1月、2011年12月、2017年2月分别召开中国国防邮电工会第二届、第三届和第四届全国委员会第一次全体会议。中国国防邮电工会对应的产业部门有工业和信息化部、国家邮政局，各国防科技工业、邮政、电信、电子信息集团公司等。根据产业行政管理体制的不同，中国国防邮电工会对邮政集团、电信各集团工会及所属工会组织实行直接领导，对国防、电子系统工会实行以地方产业工会领导为主、同时接受中国国防邮电工会领导的体制。中国国防邮电工会建立后，省级地方总工会根据本地实际对国防邮电产业工会的设置进行调整。

中国国防邮电工会成立以来，以马克思列宁主义、毛泽东思想、邓小平理论、“三个代表”重要思想、科学发展观、习近平新时代中国特色社会主义思想为指导，深入贯彻落实以习近平同志为核心的党中央对工会工作的指示和要求，坚持党的领导，坚持全心全意依靠工人阶级的根本指导方针，坚持中国特色社会主义工会发展道路，继承和发扬工人阶级的优良传统，奋发进取，创先争优，团结动员广大产业职工在实现中华民族伟大复兴中国梦的历史进程中充分发挥主力军作用。一是坚持围绕中心、服务大局，积极适应经济发展新常态，团结动员产业职工在改革发展稳定中建功立业。围绕产业发展重大战略和重大工程，大力弘扬劳模精神、劳动精神和工匠精神，深入开展主题劳动竞赛和职业技能竞赛。着力推进产业工人队伍建设改革，挖掘培育工匠人才，推动形成以“大国工匠”为代表的高技能人才队伍。广泛开展职工创新工作室工作，创建“工人先锋号”，强化班组建设。二是坚持依法维权，保障产业职工合法权益，推动发展和谐稳定的劳动关系。不断完善企事业单位民主管理制度，在普遍建立职代会和厂务公开制度基础上，探索推行集团公司职代会、职工代表巡视制度等。健全完善集体协商和签订集体合同制度，探索非公电子园区集体协商。注重源头维护，参与修订《劳动合同法（修正案）》《劳务派遣暂行规定》，推动实现规范用工。努力做好服务职工工作，坚持送温暖、金秋助学等品牌工作；开展产业工会联动为一线职工“送健康”。落实全总对口援藏工作要求，给予电信行业受援地有效支持。三是坚持以中国梦为引领，在广大产业职工中培育和践行社会主义核心价值观。创新职工思想政治工作方法，教育引导广大职工践行社会主义核心价值观，不断深化“中国梦·劳动美”主题教育，汇聚起投身改革、实现中国梦的磅礴力量。持续推进具有产业特色的职工文化和企业文化建设，形成以“两弹一星”“预警机精神”“载人航天精神”为代表的一大批企业精神和文化品牌，充分调动了职工智慧和力量、形成了促进产业发展的强大动力。四是坚持重心下移，进一步规范基层工会组织建设，不断增强基层工会活力。推动新建集团建立企业工会，指导非公有制电子企业、电子园区农民工入会，扩大工会组织覆盖面。制定非公快递企业工会组建工作意见，开展“会站家”一体化建设试点工作，探索维护快递业职工权益长效机制。深化职工之家建设，开展建家工作跨行业“互学互检”。制发相关工作意见，对深化职工之家建设和开展职工之家评议工作进行规范指导。五是坚持以问题为导向，不断加强自身建设，推动产业工会工作创新发展。深入开展党的群众路线教育实践活动、“三严三实”专题教育、“两学一做”学习教育，引导本产业工会党员干部牢固树立宗旨意识，争做“四讲四有”合格党员。健全工作制度，制定《常委会工作规则》

《委员提案办理办法》，常态化听取常委、委员的工作汇报和意见建议。开展委员间跨行业学习交流和调研检查，探索发挥全委会委员、常委作用的有效路径。贯彻落实全总改革试点工作要求，加大全委会委员中一线职工和劳动模范代表比例，增选兼职副主席，坚持增强“三性”、去除“四化”、做强基层、着力创新，健全“面对面、心贴心、实打实”服务职工长效机制。组织“送教到基层”活动和工会干部培训，提高工会干部整体素质。重视信息舆情工作，及时反映职工诉求、总结亮点工作。

九、中国财贸轻纺烟草工会

中国财贸轻纺烟草工会是我国财贸、轻工、纺织、烟草系统的全国产业工会组织。2001 年 11 月，根据中华全国总工会机关机构改革的部署，中国财贸轻纺烟草工会在原中国财贸工会、中国轻工业工会、中国纺织工会基础上组建而成。

中国财贸工会的前身是中国店员工会。1951 年 8 月召开中国店员工会第一次全国代表大会，成立了中国店员工会全国委员会。1955 年 12 月召开中国店员工会第二次全国代表大会，将中国店员工会改名为中国商业工会。1959 年中国商业工会、金融工会、合作社工会、粮食工会合并为中国财贸工会。“文革”开始后，中国财贸工会停止活动，1979 年恢复活动。1991 年 3 月召开中国财贸工会第三届全国委员会第一次全体会议。1996 年 12 月召开中国财贸工会第四届全国委员会第一次全体会议。

中国轻工业工会的前身是中国食品工业工会。新中国成立后，中华全国总工会下设食品工会工作委员会。1951 年 5 月召开中国食品工业工会第一次全国代表大会，成立了中国食品工业工会全国委员会。1953 年 8 月中国食品工业工会全国委员会与中华全国总工会盐业工会工作委员会合并为中华全国总工会轻工业工会工作委员会。1955 年 10 月恢复建立中华全国总工会盐业工作委员会。1956 年 11 月中华全国总工会轻工业工会工作委员会召开中国轻工业工会、中国食品工业工会第一届全国代表大会，成立了中国轻工业工会全国委员会。1958 年 4 月，中国轻工业工会全国委员会和中国食品工业工会全国委员会合并为中国轻工业工会全国委员会。1958 年 8 月中华全国总工会盐业工会工作委员会撤销，并入中国轻工业工会全国委员会。“文革”开始后，中国轻工业工会停止活动，1979 年恢复活动。

中国纺织工会的前身是新民主主义革命时期各地陆续成立的纺织工会组织。新中国成立后，1950 年 1 月在北京召开全国纺织工会代表会议，产生了中国纺织工会筹备委员会。1950 年 7 月在北京召开中国纺织工会第一次全国代表大会，成立了中国纺织工会全国委员会。1953 年 8 月召开中国纺织工会第二次全国代表大会。1957 年 12 月召开中国纺织工会第三次全国代表大会。“文革”开始后，中国纺织工会停止活动，1979 年恢复活动。1991 年 7 月召开中国纺织工会第四届全国委员会第一次全体会议。

2001 年 11 月，在中华全国总工会机关机构改革中组建中国财贸轻纺烟草工会。2002 年 1 月、2007 年 1 月、2011 年 11 月、2017 年 2 月分别召开中国财贸轻纺烟草工会第一届、第二届、第三届、第四届全国委员会第一次全体会议。中国财贸轻纺烟草工会对应和联系的政府相关部门、行业协会有财政部、商务部、文化和旅游部、审计署、海关总署、国家税务总局、国家市场监督管理总局、中华全国供销合作总社、国家粮食和物资储备局、国家烟草专卖局、中华全国手工业合作总社，以及中国商业联合会、中国轻工业联合会和中国纺织工业联合会及相应的各专业性行业协会。目前，全国绝大部分省、自治区、直辖市和部分市、县建立了涉及财贸、轻工、纺织、烟草等行业的产业工会组织。

近年来，中国财贸轻纺烟草工会在中华全国总工会的领导下，紧紧围绕党和国家工作大局、工会工作全局，充分发挥产业工会优势，在促进产业改革发展、协调产业劳动关系、维护产业职工权益等方面发挥了重要作用。一是认真履行产业工会的政治责任。始终坚持在思想上政治上行动上同以习近平同志为核心的党中央保持高度一致，切实增强政治意识、大局意识、核心意识、看齐意识。重视加强产业工会党建工作，创新思想政治工作方式方法，团结引领广大产业职工坚定不移听党话、跟党走。二是广泛开展提升素质建功立业活动。与对口行业协会和有关部门联合开展行业职工职业技能竞赛、技术交流培训、节能减排达标竞赛、优秀班组创建等活动。活动领域不断拓展，覆盖面和职工参与率不断提升。结合活动开展，加强对职工的技术技能培训，促进职工整体素质提升。选树宣传行业劳模、能工巧匠，开展劳模服务品牌演示交流、“名师带高徒”等活动。推进劳模创新工作室建设，弘扬劳模精神、劳动精神、工匠精神，发挥先进的示范引领作用，引导广大产业职工焕发创新创造活力，为促进行业健康发展作贡献。三是着力加强宏观参与源头维护。建立并完善与中国商业联合会、中国轻工业联合会、中国纺织工业联合会、国家烟草专卖局的联席会议制度，加强与文化和旅游部（原国家旅游局）的沟通合作，共同研究涉及行业职工利益的全局性、政策性重大问题，参与相关法律法规政策的制定，联合推动行业性重点工作。围绕影响行业发展和职工权益实现的突出问题进行深入调查研究，形成高质量的调研成果，为党政决策提供依据。四是不断完善维护职工权益机制。大力推进行业工资集体协商工作，先后召开纺织服装、餐饮、商业等行业工资集体协商工作的经验交流研讨会议，总结交流推广工作经验，制定餐饮行业工资集体协商指导意见，加强工作规范指导。与有关单位联合制定发布服装、眼镜、陶瓷、制鞋等行业部分工种劳动定额指导标准，参与制定加强导游劳动权益保障指导意见，夯实维权工作基础。五是积极推动构建和谐劳动关系。在商业服务业、饭店、轻工、纺织等行业开展创建和谐劳动关系企业活动，促进工会工作规范化建设。推动产业集群、特色区域、工业园区、小微企业集中的区域组建覆盖不同所有制企业的行业工会联合会，不断健全产业工会组织体系，扩大工会工作覆盖面。加强对行业劳动关系和职工队伍稳定情况的分析研判，及时通过产业渠道了解情况，协助配合地方总工会疏导化解矛盾，做好困难职工帮扶工作，充分发挥产业工会在推动产业发展、凝聚职工群众、促进和谐稳定中的作用。

十、中国农林水利气象工会

中国农林水利气象工会是我国农垦、林业、水利、渔业、畜牧、气象、监狱管理、华侨农场管理系统等性质相近的产业所建立的全国产业工会组织。早在中国共产党建党初期，中共苏区和陕甘宁边区根据地就建立了农业工人（雇农）工会组织。

1933 年 4 月 1 日在江西瑞金召开了中国农业工人第一次代表大会，成立了中国农业工人工会中央委员会。新中国成立后，1952 年 12 月 24 日，在北京成立了中国农林水利工会工作委员会；1955 年 3 月 11 日改组，分别成立中国农业水利工会筹备委员会和中国林业工会筹备委员会。1958 年 1 月 28 日，在北京召开了中国农业水利工会第一次全国代表大会，正式成立了中国农业水利工会全国委员会，同年 4 月中国农业水利工会的“水利”部分划归中国电业工会，更名为中国农业工会全国委员会。

1959 年 6 月，中国农业工会全国委员会与中国林业工会筹委会合并建立了中国农林工会全国委员会。“文革”期间，中国农林工会全国委员会被迫停止工作，1979 年恢复活动。

2001 年，根据中华全国总工会机构改革的部署，中国水利电力工会中的“水利”部分划归中国农林工会，并决定将中国农林水利工会作为试点，先行进行中国农林水利工会全国委员会的筹备工作。2001 年 8 月 28 日，中国农林水利工会召开了一届一次全委会议，选举产生了新一届领导班子。之后，在 2006 年和 2011 年又分别召开了二届和三届全委会议。2016 年，根据中华全国总工会机构改革部署，“中国农林水利工会”更名为“中国农林水利气象工会”，并于 2017 年 2 月召开四届全委会议。中国农林水利气象工会对应的政府职能部门为农业农村部、国家林业局、水利部、中国气象局、司法部监狱局、国务院侨务办公室 6 个部（局、办），对相应的地方产业（厅局、总公司）工会及所属基层工会具有指导和领导职能。根据有关部门 2016 年统计，全国农林水利气象系统现有职工 2058. 54 万人，工会会员约 1990 万人。

中国农林水利气象工会按照中华全国总工会的工作部署和一届一次、二届一次、三届一次、四届一次全委会议确定的工作任务，狠抓制度建设，先后制定了提案征集制度、重大信息报送制度、工作报告制度、调研信息报送制度、调研成果评选制度和电子信息网络管理制度。先后与农业部农垦局、渔业局、国家林业局、水利部和中国气象局建立健全了联席（联系）会议制度和协调劳动关系机制，制定了《国家林业局、中国农林水利工会关于建立工作联席会议制度的意见》《水利部、中国农林水利工会关于建立协商、沟通机制的意见》；与国家林业局联合下发了《关于在林业改革和建设中加强工会工作和职工民主管理的意见》和《全国林业系统促进再就业工作的意见》；推动全总和水利部联合出台《全国水利系统企事业单位职工代表大会规定》。中国农林水利气象工会在建立健全联席（联系）会议制度的基础上，进一步在深化工作领域和发挥实效上下功夫，通过与国务院相关部门联合发文、联合开展调研、联合表彰、联合召开会议、联合开展劳动竞赛、职工技能大赛等多种途径和方式，进一步拓宽了与各方合作的深度和广度，取得了更加显著的成效。近五年来，共组织涉及13个工种的劳动竞赛、技能竞赛44次，其中6个工种的竞赛是首次举办，累计参赛人数超过650万人次，获奖者中44人被授予全国五一劳动奖章、48个单位被授予全国工人先锋号、88人被授予全国技术能手、100余人被授予行业技术能手称号。通过向人大、政协“两会”提交议（提）案以及向中央和各级政府报送调查报告，进一步加大了源头参与和宏观维护力度。2001年至2017年，中国农林水利气象工会为“两会”共提交议（提）案273份、大会发言67份、小组发言25份，其中90%以上的议（提）案得到了相关部委的明确答复。

近年来，针对农林水利气象产（行）业基础设施差、职工收入低、社会保障体系不健全、政策边缘化等问题，中国农林水利气象工会深入基层，开展调查研究。自2001年至2017年，共完成调研报告560多篇，90多篇调研报告得到了省部级以上领导干部的批示，100余篇调研报告被中办、国办信息摘用，其中得到党中央、国务院领导人批示的达20多篇，有效地推动了产（行）业和职工切身利益问题的解决，宣传了具有代表性和广泛影响的典型经验，进一步增强了工会组织的凝聚力和影响力。这些调研报告，推动了关系产业改革发展政策的制定、完善，促进了涉及职工切身利益问题的解决，尤其是与水利部、国家林业局、农业部农垦局联合完成的一批关系产业全局的调研报告，对推动相关产业政策的调整和完善发挥了积极作用。通过推动发展职工自营经济，并不断引导其转向产业化、规模化和集约化，有力地促进了农林水利经济持续快速健康发展。

参考文献

1. 中国共产党第十九次全国代表大会文件汇编．北京：人民出版社，2017

2. 本书编写组编著．党的十九大报告辅导读本．北京：人民出版社，2017

3. 本书编写组编著．党的十九大报告学习辅导百问．北京：学习出版社，党建读物出版社，2017

4. 习近平著．习近平谈治国理政．北京：外文出版社，2014

5. 习近平著．习近平谈治国理政（第二卷）．北京：外文出版社，2017

6. 中国工会十四大文件组编．中国工会十四大文件汇编．北京：中国工人出版社，2003

7. 中华全国总工会十四届六次主席团（扩大）会议文件组编．坚持走中国特色社会主义工会发展道路辅导读本．北京：中国工人出版社，2005

8. 中华全国总工会编．中国特色社会主义工会发展道路学习读本．北京：中国工人出版社，2012

9. 《中国大百科全书》编辑部编著．中国大百科全书（精粹本）．北京：中国大百科全书出版社，2002

10. 中华全国总工会编．中国工会百科全书（上下）．北京：经济管理出版社，1998

11. 《当代中国》丛书编辑委员会编．当代中国工人阶级和工会运动（上下）．北京：当代中国出版社，1997

12. 中华全国总工会著．工会干部培训教程．北京：中国工人出版社，2002

13. 夏汝奎、王渔、李双寿主编．当代中国产业职工和产业工会．北京：海洋出版社，1990

14. 中华全国总工会研究室编．全国工会理论政策研究文集2004．北京：中国言实出版社，2005

15. 常凯、张德荣著．工会法通论．北京：中共中央党校出版社，1993

16. 吴亚平．工会组织建设概论．北京：中国工人出版社，2001

17. 中华全国总工会研究室．关于理顺地方工会、产业工会与国有大企业集团工会组织体制的调研报告，2004 年全总机关优秀调研成果选编

18. 李玉赋主编．新的使命和担当：《新时期产业工人队伍建设改革方案》解读．北京：中国工人出版社，2017

19. 李玉赋主编．第八次中国职工状况调查．报告卷．北京：中国工人出版社，2017

20. 李玉赋同志在全国产业工会工作会议上的讲话．陈荣书同志在全国产业工会工作会议上的总结讲话．中华全国总工会办公厅通报〔2016〕第 10 期，2016 年 11 月

21. 李玉赋同志在产业工会工作座谈会上的讲话．中华全国总工会办公厅通报〔2018〕第 5 期，2018 年 2 月

后 记

《产业工会工作概论》是全国工会干部培训基础教材之一。

本次出版的《产业工会工作概论》，修订工作由中国教科文卫体工会、中国国防邮电工会牵头，参与单位有：中华全国铁路总工会、中国民航工会、中国金融工会、中国海员建设工会、中国能源化学地质工会、中国机械冶金建材工会、中国财贸轻纺烟草工会、中国农林水利气象工会。本书在2013年第二版《产业工会工作概论》的框架结构基础上由全总组织部副部长王利中同志对所涉章节进行了较大调整，北京市工会干部学院徐岩、全总组织部王沛雨、中国能源化学地质工会赵文涛、中国财贸轻纺烟草工会刘富厚同志负责具体修订工作。参加正文相关章节修订工作的同志有：中国机械冶金建材工会陈杰平、刘建新，中国财贸轻纺烟草工会王倩、苏宁。参加本书附录修订工作的同志有：中华全国铁路总工会吴文斗，中国民航工会王忠才，中国金融工会张东风、曾萍，中国教科文卫体工会钱磊、周利民，中国海员建设工会丁小岗、刘路刚，中国能源化学地质工会陈志标、颜伟荣，中国机械冶金建材工会陈杰平、朱海峰，中国国防邮电工会杨军日、曲林，中国财贸轻纺烟草工会王倩、吕杰，中国农林水利气象工会蔡毅德、郑晋平。各全国产业工会简介，分别由本产业工会主席修改审定。

由于编者水平有限，本书难免存在不足和疏漏之处，诚恳地欢迎广大读者批评指正。

编　者
2017 年 11 月